若手弁護士・法務担当者のための 会計入門

大手門法律会計事務所
弁護士・公認会計士

樋口　達

商事法務

はしがき

　本書は、毎年、経営法友会の月例会において開催させていただいている、「貸借対照表（B/S）、損益計算書（P/L）、キャッシュフロー計算書（C/F）の基礎知識」の講演録をベースにしながら、書籍の形に加筆修正したものです。

　この講演では、毎回、法律実務に携わる方々が、会計についての苦手意識を持つことなく、ある程度直感的に財務諸表のイメージがつかめるように、ポイントを押さえながらお話しするように努めています。本書においても、そのような方針のもと、財務諸表について読者の方のイメージが膨らむよう、図を多用するとともに、実際の財務諸表を参照しながら、具体的な解説をするように心掛けました。

　前述のとおり、本書は講演録をベースにしましたが、「コラム」や「For your reference」、「Accounting Matters」などの囲み記事の中で、講演の際にはなかなかお話しできない、法律や会計の基礎知識について、簡単に解説しています。少し専門的な内容も含まれていますが、実際の財務諸表において、よく出てくる事項です。これらの解説も参考にしていただきながら、会計に関して、より理解を深めていただければと思います。

　読者の方々が、本書をきっかけにして、さらに専門的な書籍や解説書を手に取り、会計の知識を自己の業務に活用することができるようになること、著者にとってはこれに勝る喜びはありません。

　本書の出版については、以前から、商事法務の浅沼亨氏から、経営法友会の講演録をまとめることをご提案いただいておりました。期せずしてコロナ禍の中での執筆・編集作業となりましたが、多大なお力添えをいただきました。この場を借りて、心より御礼申し上げます。

　2020年12月

大手門法律会計事務所

弁護士　公認会計士　樋　口　　達

目　次

第5章　損益計算書・101

第 **1** 章
法律家と会計

この章で学ぶこと

・　法律家として会計を理解することの重要性

・　法律家が会計を必要とする場面

・　会計リテラシーの養成のために何が必要か？

1　会計を理解することとは？

　若手弁護士や企業の法務部に所属する法務担当者の方々にとって、会計の知識を習得していることは、非常に大切なことです。

　企業活動は、会計を通して記録され、その結果が財務諸表に表現されます。したがって、「会計」を理解することは、企業活動、そして企業活動の背後にある「企業経営」を理解することにつながります。このため、特に企業に関連する法務を取り扱う弁護士や企業の法務担当者の方々は、会計に関する知識を持つことにより、自己の持つ「法律」知識をより有効に、的確に使うことができるでしょう。したがって、よりレベルの高い仕事をすることにつながります。

　このように、特に企業に関連する法務を取り扱う弁護士や企業の法務担当者の方々にとって、自己の業務を遂行する、さらにはより発展的な仕事をするにあたり、「会計」は非常に重要かつ必須の知識です。

> ポイント　会計の知識の必要性
> 　会計を理解すること
> → 　企業活動やその背後にある経営を理解することにつながる
> ⇒ 　法律知識をより有効・的確に使うことができる

　しかし、現実的には法律関係の仕事をしながら、会計をゼロから学ぶということは難しいのではないでしょうか。ここでは、法律を扱う仕事をしている方が、どのようにすれば、会計を理解し、使えるようになれるかについて考えてみたいと思います。

2　会計を使う能力とは？

(1)　弁護士や法務担当者が果たすべき本質的機能

　「会計」と聞くと、数字がたくさん出てくるというイメージがあるのか、ア

レルギーを起こす方が多いのではないでしょうか。法律を扱う仕事をしている方からすれば、なおさらかもしれません。

　弁護士や法務担当者には、さまざまな業務があります。たとえば、契約書や諸規程のチェック、訴訟や保全、執行など、紛争が生じた場合への対応などがあるでしょう。これらの業務は、すべて法的リスクを軽減させるものと整理することができます。法的リスクとは、法的な紛争に起因して、企業が損失を被る危険性と言い換えることができるでしょう。すなわち、弁護士や法務担当者など、法律を扱う仕事の最も本質的な機能は、法律の知識を駆使して、企業に生ずる法的リスクを軽減するということです。

　このような法務の機能をスポーツに喩えてみれば、「守備」の重要性に置き換えることができるかもしれません。スポーツで勝利するためには、相手の得点を上回ることが必要ですから、攻撃をすることにより1点をとることは大切です。しかし、守備で1点を失わないということも、同じ1点の効果をもたらすという意味で、まったく同じ価値があります。

　これを企業活動にあてはめれば、営業の第一線で、自社の売上や利益に貢献することは、「攻め」の機能として非常に重要であることは、言うまでもありません。しかし、法的リスクを軽減して損害を最小化することも、「守り」の機能として、「攻め」と同様に大切な役割を担っています。守りの機能により損害を最小化することによって、結果的には、「企業価値の向上」に資することになるからです。

ポイント　弁護士や法務担当者が果たすべき本質的機能

企業に生ずる法的リスクを軽減すること

→　損害を最小化する

→　その結果として、企業価値向上に資する

⑵　企業における法的リスク

　では、企業における法的リスクは、具体的にどこに表れるのでしょうか。

　財務諸表は、企業活動の経過やその結果を、数値で表現したものです。このため、企業活動の経過や結果に異常があれば、財務諸表の数値の中で異常値として表れてくる可能性があるのです。ここに、法律を扱う仕事をしている方が、会計を理解することの必要性、重要性があります。

　すなわち、会計を理解することができれば、たとえば取引先など対象企業の財務諸表を見ることにより、その取引を行うことにより、自社に何らかの法的なリスクが発生する可能性がないかを検討し、察知することができます。リスクが発生する可能性のある企業との取引に対しては、法的紛争を回避するために予防策を講じることが必要でしょう。仮に、その予防策が講じられないのであれば、その取引を行うことがよいのか、より慎重な判断が必要となるでしょう。

> ポイント　法的リスクの察知
> 　　会計の理解　⇒　財務諸表の異常値から法的リスクを察知

　以上を前提として、会計を使える能力とはどういうものでしょうか。会計を使える能力を、**会計リテラシー**と呼ぶこともあります。

　「リテラシー」とは、本来、読み書きできる能力という意味です。ここにいう「会計リテラシー」という言葉は、単に「読み書き」ができるというだけでなく、それを「活用する」ことができる能力をいうことが多いと思います。

　すなわち、会計リテラシーとは、いわゆる帳簿記帳のための技術である「簿記」を勉強することとは、必ずしも同義ではありません。会計の基本をある程度理解した上で、その基礎知識を「活用」することができる能力、財務諸表上に表れる財務数値を見て、企業活動や経営実態を把握することができる能力をいいます。

> ポイント 会計リテラシーとは？
> ・ 会計の基本知識を「活用」することができる能力
> ・ 財務諸表上に表れる数値を見て、企業活動や経営実態を把握することができる能力

ところで、会計を理解するためには、数学の因数分解や方程式を解ける必要はまったくありません。むしろ数学が不得意であったとしても、会計をマスターすることは問題ないといっていいでしょう。

数学が持つ論理性は、むしろ、「法律」をマスターする、いわゆるリーガルマインドを養成していくためには必要となるかもしれませんが、少なくとも会計は、ほとんどが足し算と引き算の世界です。数字が出てくるからといって、自分は数学が苦手だったので……といって、苦手意識を持つ必要はまったくありません。

For your reference 財務会計と管理会計

会計は、会計に関する報告書を受領する主体が、企業の外部なのか、内部なのかによって、財務会計と管理会計に分類することができる。

財務会計とは、報告書の受領主体が、企業外部であるものを指す。株主や債権者など、企業外部の利害関係者に対する情報提供のために、報告書が作成される。財務会計の報告書である財務諸表の作成は企業に義務づけられ、その作成方法もルール化されている。

これに対し、管理会計とは、報告書の受領主体が、企業内部であるものである。報告書は、自社の経営者や各階層の経営管理者など、企業内部の関係者に対して作成される。たとえば、製造部門においては、企業の管理活動として、製造原価を削減するために、製造コストの内訳や操業度に関する情報が必要となる。このために管理会計の報告書が作成されるのである。このような管理会計に関する報告書は、法令等で強制されるものではなく、任意で作成されるものである。どのような情報を必要とするかは、企業の特性や経営戦略によってさまざまであるから、経営者が自社の状況に応じて、その報告書の内容を決定することとなる。
本書においては、以上のうち、企業外部の利害関係者に対して情報提供を行う、財務会計を取り扱うものとしたい。

③　法務担当者はどのような場面で会計が必要？

　それでは、若手弁護士や法務担当者は、どのような場面で会計を必要とされるのでしょうか。

　以下いくつかの具体的な場面を考えてみましょう。

(1)　取引先が倒産に瀕している場面

　まず、たとえば取引先が倒産に瀕している場合、会社の損害を最小限にするためには、会社として、できるだけ早く「債権回収」を行う必要があります。その結果、「取引先の倒産」という法的リスクを回避することができるからです。

　この法的リスクの回避のためには、どのようなことが必要でしょうか。事前に、取引先の財務諸表から、取引先に生じている何らかの異変を察知することができれば、「債権回収」として取りうる手段、たとえば、支払いサイトを短期化する、担保を設定する、などの措置を講ずることができます。その結果、自社に生じる可能性があった危機的な事態、すなわち法的リスクが顕在化することを防げることができる可能性があるのです。

> ポイント　取引先が倒産に瀕している場合
> 　　　法的リスクの回避
> 　　　⇒　債権回収の手段を講じる

　では、具体的に、どのようなことにすれば、取引先に生じているかもしれない異常を察知することができるでしょうか。

　一言で言えば、財務諸表の各項目間の比率やその経年変化、などを検討し、そこから取引先の現在の経営状態を推測することです。このような財務分析については、第7章で取り扱います。

　1つ例を挙げてみましょう。たとえば、取引先A社の損益計算書において、「売上」の金額がほとんど変化していないにもかかわらず、貸借対照表の「売掛金」の金額が増加しているのではないか、という点に気がついたとしましょう。

　これは、どのような理由によるものと考えることができるでしょうか。もしかすると、この取引先A社の客先であるX社の資金繰りが悪化し、売掛金が期日になっても入金されていない、客先X社と係争を抱えたこと等の理由により、A社では、「売上を計上したにもかかわらず、売掛金が回収されない」といった状態が続き、その結果、A社の売上の金額に比して、売掛金が増加しているという現象が生じているのかもしれません。

図表1-1　取引先A社とその大口客先X社の状況

　ここでの重要なポイントは、売掛金は「債権」ですから、会社の財産です。しかし、このような債権は、通常、現時点の債務の支払いに充てることができる「現金」ではありません。

　すなわち、この大口の客先X社の資金繰りがさらに悪化するなどした結果、A社への売掛金の支払いがストップしてしまった場合、A社は、債務の支払いができないという事態が生じる可能性があるのです。

　法務担当者としては、まずは、取引先A社において、そのような異常な兆候（＝「売上に比して、売掛金が増加している」）から、「もしかしたら売掛金が滞留して、回収できていないのではないか？」という仮説を立ててみることです。

　そして、この仮説について、相手方に直接確認をしてみる、または自社の担当者に確認するように指示を出すことなどによって、その真偽を検証してみるのです。

　もちろん、取引先にストレートに聞いても答えてもらえないかもしれませんので、問い合わせ方は工夫する必要もあるでしょう。このような問い合わせ方については、さまざまな経験を積むことで、腕を磨いていく必要もあるでしょう。さまざまな手段を講じて事実を確認・検証した結果、自分の仮説が正しく、取引先A社が売掛金の滞留により、資金繰りが悪化しているということが確認できたのであれば、法務担当者として、自己の法律知識を駆使し、担保設定をするなり、支払サイトを短縮してもらうなど、自社のダメージを小さくする方法を考えることができます。これが、自社に生じる法的なリスクを軽減することにつながるのです。

> ポイント　会計の知識を用いた異常点の察知と仮説
> 　財務分析を活用
> 　→　法的リスクの軽減

　なお、弁護士としては、倒産に瀕した企業について、法的整理や私的整理手続を申し立てることもあるでしょう。このような手続を申し立てる段階で、会社の財務諸表や資金繰り表、税務申告書などをもとにして、申立書類を作成しなければなりません。すなわち、申立書類の作成のためには、会社の決算書や税務申告書から、申立てに必要な情報を読み取ることが必要となります。
　したがって、財務諸表や資金繰り表が読めることは、企業について法的整理、私的整理手続を申し立てるために必須の知識です。
　ここで注意しなければならないのは、仮に、財務諸表において粉飾が行われていた場合には、その数値は企業活動の実態を示していません。粉飾には、さまざまなパターンがありますが、ここでは、実態と異なった虚偽の財務報告ということと定義しておきましょう。
　したがって、粉飾が行われている財務諸表の数値は、実態と異なるわけですから、それを信用することはできません。粉飾決算は、特に経営幹部が関与している場合や組織ぐるみで行われている場合には、会計専門家でも見抜くことは難しいと言わざるを得ません。

　粉飾決算に対する具体的な対応方法は、本書では紙幅の都合上、詳細に述べることはできませんが、一般論として、会計の専門家である公認会計士の監査を受けていない財務諸表には特に注意が必要、という点のみ指摘しておきたいと思います。

Advance　粉飾決算の兆候は？

　どのようにしたら、粉飾決算を見抜くことができるだろうか。

　前述のとおり、特に経営幹部が関与している場合や組織ぐるみで行われている場合や、外部者と共謀がされている場合などでは、前述のとおり、会計専門家でも、粉飾決算を見抜くことは難しいと言わざるを得ないが、そのヒントとして、ポイントと考えられることを挙げてみることとしたい。

■　財務分析

　粉飾が行われている場合、財務数値の関係性に異常値が出てくるのが通常である。したがって、粉飾決算を発見するためには、財務分析により、財務情報の中に異常値が含まれていないかを分析することが有用である。財務分析の基本的な知識については、本書の第7章で取り扱うこととする。

　財務分析には、以下のような方法があるが、これらの手法が組み合わされて使用されることもある。

図表1−2　財務分析の手法

　1．趨勢分析
　　　複数年にわたる財務数値の趨勢を分析することにより、その変動に異常がないかを分析する方法
　2．比率分析
　　　財務数値相互間との関係性（たとえば、売上総利益率や売上債権回転期間など）や、財務数値と非財務情報との関係性（たとえば、従業員1人当たりの売上高など）との関係性に着目し、その関係性に異常がないかを分析する方法
　3．合理性テスト
　　　調査の過程で推定値を算出し、推定値と現実の財務数値を比較する方法

　たとえば、趨勢分析と比率分析を組み合わせて、売掛金、棚卸資産の金額や、売上総利益率や売上債権回転期間などの趨勢を数年間分析してみることにより、過去の傾向とは明らかに異なる数値が算出されることがある。

　また、同規模の同業他社の数値との比較した場合に、ある項目について、突出した異常値が出ていることもある。このような異常値が現れたからといって、すべてが粉飾決算ということではないが、異常と考えられる数値が発生した場合に、なぜそのような数値になったのかについて、「合理的な」理由があるのか調査をしてみることが必要である。その際、財務数値をセグメント別や取引先別に細分化して、細分化した単位ごとの売上高や売上原価、売掛金残高等を確認し、それぞれの単位ごとの数値を精査してみることも有効である。

　数値の異常性について検証する上で重要な点は、取引状況や実際の物の状態、関係者からの聴取内容などの、「客観的な」状況との整合性が取れるかを中心に検討することである。そして、中途半端に「そんなものか」と結論を出すのではなく、「なるほど」と腑に落ちる形で納得できるまで調査を継続することである。要は、調査結果をそのまま鵜呑みにするのではなく、納得できるまで「裏を取る」という意識を持って検証してみることが重要である。

■　現物確認──資産の実在性の検証

　粉飾決算の兆候は、貸借対照表項目に現れることが多い。たとえば、架空売上が計上されている場合、棚卸資産や売掛金などにその歪みが現れ、架空の資産が計上されている可能性が高い。

　このため、このような資産が本当に実在するのか、棚卸や実査などを通じて現物を確認することで、粉飾決算の兆候をつかめることが多い。

　在庫が、外部倉庫に預けられていて、外部の倉庫業者と結託されてしまえば、たとえば、突然棚卸の日程に都合がつかなくなったなどと言われ、現物確認に対して抵抗されたり拒絶されることもある。このような場合には、そのような抵抗や拒絶自体が異常の兆候であると捉え、繰り返し現物確認の機会を確保するよう努めること、抜き打ちででも現物確認を行う心構えを持つことも重要である。

■　イレギュラーな取引や例外的処理

　イレギュラーな取引や例外的な処理、たとえば、期末の一定期間に集中している取引や取り消し処理が異常に多いなどの状況がある場合には、その理由について検証してみることが有用である。これらの取引や処理が、何らかの不正を隠す

ために行われている可能性があるからである。

　このような「異常性」や「例外性」に着目し、その理由を探る過程で、虚偽記載が発見されることも多い。

　粉飾決算を発見するための方法として、一般論としては、以上のようなポイントを挙げることができる。しかし、不正行為を行っている人物はできるだけその事実を隠ぺいしようと必死なのであるから、現実的に不正の端緒をつかむためには、一筋縄ではいかないケースがほとんどである。

　このため、試行錯誤を繰り返しながら、粘り強く調査を継続していくことが肝要である。些細な資料の不整合から、結果的に大きな不正が発覚するという事例も少なくはない。最初から結論が見渡せるわけではないから、試行錯誤で調査を行いながら、場合によっては、臨機応変に調査方針を変えていく心構えが重要である。

⑵　M&Aの場面

　その他、たとえばM&Aの場面でも、会計リテラシーが求められることとなるでしょう。M&Aとは、「Mergers（合併）& Acquisitions（買収）」の略称で、日本語では、企業買収と呼ばれます。

　自社がM&Aを検討している場合、その対象会社に対して、さまざまなデューデリジェンス（Due Diligence、以下「DD」といいます）が行われることが一般的です。DDとは、企業買収を行うにあたって、買収対象となる企業価値やリスクなどを調査することを指します。DDにはさまざまな形態があり、弁護士など法律専門家が行う法務DD、公認会計士・税理士などの会計専門家が行う会計DDや税務DD、業界の事情に精通したコンサルタントが行うビジネスDDなどがあります。

　このうち、会計DDは、公認会計士を中心とした会計専門家によって行われます。法務担当者としては、この会計DDの結果について、少なくとも対象会社がどのような問題点を抱えているかについては、理解しておきたいところです。会計DDの結果報告の意味がさっぱりわからないようでは、そこから判明する対象会社のリスクを適切に把握することは難しいからです。

> ポイント　M&Aの場面
>
> 　　会計デューデリジェンスの報告書が理解できるか？
> 　⇒　法的なリスクの把握につなげていく

　もちろん、法務担当者として、まず第1に必要なのは、法的リスクを抽出した法務DDの結果の内容を理解することです。とはいえ、その前提として、会計DDの判明事項から、対象会社の経営実態を把握することも重要です。すなわち、会計DDの結果報告をある程度理解するためにも、法務担当者にとって、会計リテラシーは必要だといえるでしょう。

　M&Aは、自社の業種業態によりますが、通常の業務フローの中で起こることは、それほど多くないかもしれません。長年法務を担当していても、M&Aを経験したことがないという方もいらっしゃるかもしれません。しかし、自社のM&A案件が突如として発生することも否定できません。そのような事態が発生した場合にあわてないよう、普段から、会計リテラシーを磨き、準備しておくことが重要でしょう。

　弁護士であっても、基本的には法務担当者の場合と同様です。M&Aにはさまざまな手段がありますが、対象企業の実態や経営を理解し、適切かつ的確な法的アドバイスを行うためには、会計リテラシーを磨いておくことは重要です。

⑶　経営への関与

　その他、経営に関与、参画していく場合にも会計の知識は必須であるといえるでしょう。

　会社経営の意思決定やその結果報告は、取締役会で行われます。取締役会における議論や報告のための資料として、財務諸表はもちろん、さまざまな会計資料や数値が提出されます。このような数値を読み解き、会社の経営実態を把握することができなければ、会社経営に参画しているとはいえないでしょう。

　上場会社であれば、監査を受けた計算書類などは、取締役会の承認を得る必

要があります。取締役会では、資金繰りなども報告されるため、資金繰り（キャッシュフロー）のポイントが理解できることも必要です。このように、取締役になった場合には、ある程度会計に関する知識が必須であるといえるでしょう。

これは、監査役に就任した場合であっても同様です。監査役は、取締役の職務執行の監督のため、取締役会に出席しなければなりませんから、取締役会で報告される内容の理解は不可欠です。それのみならず、会計の専門家である会計監査人の監査の妥当性を判断する役割も担いますから、会計監査人から財務計算書類の内容や問題点について説明を受けることとなります。

弁護士や法務担当者の方々も、今後キャリアアップしていく中で、会社の取締役・監査役に就任することがあるかもしれません。子会社や関連会社の役員になることもあるでしょうし、場合によっては、自社と異なる業界の社外取締役、監査役といった立場で経営に関与する可能性もあります。

このように経営に参画する立場となるために、すなわち自身がキャリアアップするために、会計リテラシーを養成し、会計を使えるということは非常に重要です。

なお、取締役会で報告される内容は、必ずしも財務会計上の財務諸表のみならず、財務諸表を前提として各社が定めたKPIが報告されることもあります。KPIとは、「Key Performance Indicator」の略であり、重要業績評価指標を意味します。すなわち、KPIは各社の業績を評価するための指標であり、各社がそれぞれ定めています。これは、必ずしも一般に使われる財務分析の指標であるとは限りません。しかし、その内容の理解のためには、財務分析指標の基礎知識が役に立つことが多いと思います。

さらに、取締役会などでの議論の際に、そのポイントをとらえるためには、その議論に関して、何らかの分析の視点、いわゆる「切り口」を持っていることは非常に重要です。たとえば、キャッシュフロー（資金繰り）を検討する場合に、キャッシュフロー計算書に関する基本知識があれば、営業、投資、財務の視点で分析し、自社の状況を判断することができるでしょう。たとえば、利益は出ているのにもかかわらず、営業キャッシュフローがマイナスということは、債権の回収がうまくいっていないのかもしれません。つまり滞納債権が生

じている可能性があります。このような滞納債権が生じるということは、与信管理といった会社の仕組みがうまく機能していない可能性もあります。

このように、経営に関する議論において、分析の視点を持つためにも会計リテラシーを持つことは重要です。

> ポイント　取締役・監査役への就任
> ・　経営状態や成果の確認のため
> ・　分析の視点を持つため
> 　⇒　会計の知識は役に立つ

⑷　不正調査に関与する場面

その他、たとえば、最近では、企業において不正・不祥事が発生した場合、調査委員会が設置されることが一般的になってきました。法務担当者として、このような調査委員会を補助する可能性もあるでしょう。

不正にはさまざまなものがありますが、会計的な問題が生じていることも少なくありません。このような場合には、会計に関する知識があるかないかにより、その案件に対する理解度は異なってくることとなるでしょう。

会計不正の調査のためには、数値のみならず、会社の業務フローや仕組みに関する理解も欠かせません。このため、このような不正調査は、一朝一夕にできる業務ではありませんが、その第一歩として、会計に関する知識は重要であるといえるでしょう。

Column｜株主総会とは？

法務担当者として、また弁護士として、株主総会の運営に関与することがある。株主総会の運営においても、会計の知識があることは重要である。以下では、株主総会について、ポイントを整理しておきたい。

■　株主総会の開催

株主総会には、毎事業年度の終了後一定の時期に招集される定時株主総会（会

社法296条1項）と、必要な時に招集される臨時株主総会（同条2項）がある。

定時株主総会では、定款変更や取締役・監査役等の役員の選任などのほか、計算書類の承認（報告）、事業報告の内容の報告、剰余金の配当の決定などが行われる。

定時株主総会は、通常決算日から3か月以内に開催される。3月決算の会社であれば6月末まで、12月決算の会社であれば、3月末までに行われる。

なぜ、定時株主総会は、このように決算日から3か月以内に行われるのだろうか。

会社は、一定の日を基準日として、基準日時点の株主を定め（会社法124条1項）、株主総会の議決に加わることができるものと定めることができる（同条2項）。ただし、基準日から株主総会の議決までの期間は、3か月を超えることができない（同項かっこ書き）。

上場会社においては、定款により、定時株主総会の議決に加わることができる株主を、決算日現在の株主としているのが通常である。このため、定時株主総会は、決算日から3か月以内に開催されることとなる。

■　**株主との対話とは？**

最近では、コーポレートガバナンス・コードやスチュワードシップ・コードの影響により、「株主との対話」が重視されるようになってきた。

このような株主との対話の場は、株主総会だけに限られるものではない。たとえば、機関投資家とは、IRミーティングでの意見交換など、対話の場が持たれていることも多いし、個人投資家とは、株主限定の工場見学会や説明会なども開催されている。

しかし、株主総会は、このような「対話」の場という側面のみならず、決議事項を決議する場という側面がある。株主総会は、会社法に定められた、会社の最高意思決定機関であって、役員人事や報酬、組織に係る事項を決議するのである。このような会社の根幹にかかわる重要事項の決議を行う株主総会は、やはり会社にとって非常に重要な場であることは変わりない。

株主総会に出席する株主の最大の関心事は、会社の業績であり、株価であり、配当であることが多い。このため、株主総会では、不正や不祥事の発生、重大な災害などのトピックのほか、①経営政策・営業政策やその結果、②配当政策を含めた株主還元策、③株価動向に関する質問などがなされることが多い。このような質問内容に関連して、財務諸表に関する質問も出ることが少なくない。

以下では、配当に関する指標、株価に関する指標を紹介したい。

■　**株主還元に関する指標**

株主還元の１つである配当に関する指標としては、配当性向がある。

・配当性向

配当性向とは、当期純利益から、どの程度配当金として支払っているかを示す指標である。

配当性向は、以下の計算式によって算出される。

計算式

　　配当性向(％)＝１株当たりの配当額÷１株当たりの当期純利益×100

配当するということは、株主に対して配当金という名目の金銭を支払うこととなるため、企業から資金が流出することとなる。

企業は、企業の成長ステージや今後必要な投資を見込んで、株主に配当して資金を外部流出させることなく、会社内部に留保しておくという判断も必要である。このように、企業が獲得した利益のうち、株主に配当せずに、企業内部に留保することを、「内部留保」という。

・総還元性向

配当以外の株主還元の方法の１つとして、「自己株式の取得」がある。自己株式の取得は、株主数の減少を通じて、一般株主に帰属する１株当たりの利益等を増加させる効果を有する。このため、株主に対する還元効果を有することとなる。

したがって、株主に対する還元に関する指標としては、配当に、自社株買いも加味した、総還元性向という指標も考慮されることがある。

総還元性向は、以下の計算式で求められる。

計算式

　　総還元性向(％)＝（１株当たりの配当額＋１株当たり自社株買い金額）
　　　　　　　　　　÷１株当たりの当期純利益×100

・DOE

DOEとは、株主資本配当率（Dividend on equity ratio）をいう。すなわち、株主資本に対して、会社がどの程度の利益配分を行っているかを示す財務指標である。

　これは、株主が直接払い込んだ資金と、株主に帰属する内部留保の合算である「株主資本」という元手に対して、企業が株主に年間どれだけの配当金としての還元をしたのかを示している。

　配当の水準を示す指標としては、一般的には、前述の配当性向を用いることが多い。配当性向は、当期純利益に対する配当額の割合を示すものであった。

　しかし、当期純利益は、事業年度間で変動することから、配当性向も大きく変動することとなる。このため、分母に金額的に安定した株主資本を用いることにより、投資家に対する長期的に安定した配当水準を示すことができる。

　DOEは、以下の計算式で算定される。

計算式

　DOE（%）＝年間配当額÷株主資本×100

　なお、DOEは、間に当期純利益をはさむことにより、以下のように計算式を変形することができる。

　　DOE＝（年間配当額÷当期純利益）×（当期純利益÷株主資本）
　　　　＝配当性向×ROE（株主資本利益率）

　このように、DOEは、配当性向とROE（株主資本利益率）を乗じることにより算出することができるのである。

■　株価に関する指標

　次に、会社の財政状態や経営成績から見て、株価がどのような状況であるのかを示す指標として、以下のようなものがある。

・PBR

　PBRとは、Price Book-value Ratioの略である。株価が1株当たり純資産（BPS：Book-value Per Share）の何倍まで買われているか、すなわち、株価が1株当たり純資産の何倍となっているかを見る指標である。

　これは、現在の株価が、企業の資産価値（解散価値）に対して何倍かということであるから、高ければ割高、低ければ割安と判断されることとなる。

　PBRは、以下の計算式で算定される。

> **計算式**
>
> 　PBR＝1株当たり純資産÷株価

　1株当たり純資産は、いわば企業の（帳簿上の）解散価値であるから、PBRが1倍であるということは、株価とこの解散価値が同じ水準であると判断されていることとなる。

・PER

　PERとは、Price Earnings Ratioの略である。株価が、1株当たり純利益（EPS：Earnings Per Share）の何倍となっているか、すなわち1株当たり純利益の何倍の値段が付けられているかを見る指標である。

　現在の株価が、企業の利益水準に対して何倍かということであるから、高ければ割高、低ければ割安ということになる。

　PERは、以下の計算式で算定される。

> **計算式**
>
> 　PER＝1株当たり当期純利益÷株価

　一般的に利益成長の高い会社ほど、将来の収益拡大の期待が株価に織り込まれるため、PERは高くなる傾向がある。

　PERが何倍だから割安、割高という絶対的な水準はなく、業種・業態、企業の成長ステージによってその水準は異なる。このため、PERは、同業種間や、成長ステージや経営内容が類似する企業間での比較に用いるのが一般的である。

④　会計リテラシーを養成するためには？

　では、法務担当者にとって必要な会計リテラシーを養成するにはどうしたらいいでしょうか。

　法務担当者として、業務上必要とされる範囲は、現在任されている仕事に左右される部分が大きいでしょうから、一般論を述べることは難しいところです

が、前述の法的リスクの軽減という視点から考えてみたいと思います。

(1) 財務諸表とは

会計リテラシーを養成する基本的な前提として、まずは、企業活動を記録した成果物である、財務諸表とは何かを学ぶことが必要でしょう。

本書では、財務三表と呼ばれる、①貸借対照表（B/S）、②損益計算書（P/L）、③キャッシュフロー計算書（C/F）について、特にそれぞれのつながりを重視しながら、解説したいと思います。

図表1-3　財務三表

①　貸借対照表（B/S） ②　損益計算書（P/L） ③　キャッシュフロー計算書（C/F）

特に、法的リスクの顕現という観点から考えた場合、企業の資金繰りは、重要です。このため、特にキャッシュフロー計算書が理解できることが重要であるということは指摘しておきたいと思います。

なお、その他の財務諸表として、株主資本等変動計算書などがあります。これについては、56ページのFor your referenceで簡単に紹介します。

財務諸表の内容は、業種によって大きく異なります。たとえば、製造業の貸借対照表では、製造するための設備である、工場の土地、建物、機械設備など、固定資産項目に計上される金額も大きくなるでしょう。しかし、サービス業においては、通常設備を必要としないので、固定資産項目に大きな金額が計上されることは多くはないと考えられます。

図表1-4　業種による財務諸表の違いの例

製造業　→　固定資産の割合は大きい
サービス業　→　固定資産の割合は小さい

　このように、業種によって、財務諸表の内容は異なります。最も実践的な方法は、財務諸表を実際に手に入れ、そこに出てくる勘定項目・用語の意味や内容を調べてみることでしょう。

　たとえば、「仕掛品」は何と読むのか、どのようなことを意味しているのかご存知でしょうか。読み方は、「しかかりひん」、内容は、製造途中で完成に至っていない製品のことをいいます。この項目が出てくるということは、その会社では、自社で製品を作っている、いわゆる製造業ということになります。

　このように、業種によって、財務諸表に出てくる用語も異なります。最初のページから網羅的に会計の本を読むのではなく、読みたい財務諸表に出てくる勘定科目を調べてみる、その項目をとりあえず理解することが有用でしょう。

　とはいえ、まったく基礎知識がない中で、財務諸表を読むことは難しいことも事実です。

　本書では、財務諸表の基礎知識について、第2章で解説します。

For your reference　財務諸表の入手方法

　企業の財務諸表は、さまざまな手段で入手することができる。以下では、その
うちのいくつかの方法について整理しておきたい。

■　　上場企業の場合

　上場企業とは、投資家が証券取引所において、株式を売買することができる。
このため、投資家の判断のため、企業情報の提供に関してさまざまな規制がなさ
れているとともに、その情報の入手の方法についても、さまざまな手段が用意さ
れている。

　・各社のホームページ

　上場企業においては、株主・投資家向けの情報のページを設け、自社の財務諸
表を公表していることが多い。財務数値の要約やその分析についても掲載してい
る例もある。
　ホームページでは、有価証券報告書や決算短信、株主総会の招集通知に添付さ
れている計算書類等を閲覧することができることが多い。

　・有価証券報告書

　金融商品取引法上の開示制度として、有価証券届出書、有価証券報告書、四半
期報告書、臨時報告書等の法定開示制度がある。
　有価証券報告書は、年次決算日から３か月以内に提出しなければならない（金
商法24条１項）。また、四半期報告書は、各四半期末から45日以内に提出しなけ
ればならない（金商法24条の４の７）。
　これらは、EDINET（Electronic Disclosure for Investors' NETwork・エディ
ネット）において入手することができる。EDINETは、金融商品取引法において
開示用電子情報処理組織と呼ばれる、電子情報開示システムである。

　・決算短信

　証券取引所に上場している会社は、証券取引所が定めた開示規制にも従わなけ
ればならない。
　流通市場における株価は、各種の会社情報の内容やタイミングにより大きな影
響を受けることから、重要な会社情報が決定されたり、発生した場合、適時、適
切に投資家に対して開示することが必要となる。このような「適時開示」は、会

社法や金融商品取引法の法定開示を補完する、重要な役割を担っている。

　適時開示については、重要な会社情報の適時開示の要件、方法等として、「上場有価証券の発行者の会社情報の適時開示等に関する規則」が制定されている。

　証券取引所は、適時開示の一環として、上場会社に対して、本決算及び中間決算の内容が決まった時点で、決算情報を速やかに投資家に周知することを義務付けている。これを、決算短信という。

　決算短信の開示事項は、証券取引所が「要請」として定めている。上場会社の場合は、法制度上、有価証券報告書等によって詳細な情報提供が行われることになるが、それに先立って、その要点を開示することにより、投資家からの適時適切な開示という要求に応えることとしているのである。たとえば、決算短信は、原則として、決算日から45日以内に開示することが義務づけられている。

　決算短信は、TDnet（Timely Disclosure network）により入手することができる。TDnetは、より公平・迅速かつ広範な適時開示を実現するために、上場会社が行う適時開示に関する一連のプロセスを総合的に電子化したシステムである。

■　非上場企業の場合

　非上場企業であっても、ホームページ等で、自社の財務諸表を公開している場合もあるから、ホームページで確認することができる場合もある。したがって、非上場企業の財務計算書類を確認したい場合には、ホームページを確認することとなるが、一般的には、財務諸表を入手することに困難が伴う場合が多い。

　会社法上すべての株式会社は、官報又は時事に関する日刊新聞紙等に決算公告を公告しなければならない（会社法440条等）。しかし、現実的には、決算公告を行っていない会社も少なくないため、決算公告により決算書を入手することができる場合は限定的である。

　株主であれば、会計帳簿閲覧請求権（同法433条）を行使し、会社に対して、会社の帳簿の閲覧請求をすることができる。しかし、株主でない限り、基本的に非上場企業の決算書を入手することは難しいと言わざるを得ない。

　このため、M&Aなどにおいて、非上場会社が対象となる場合には、守秘義務契約を締結した上で、決算書や税務申告書の開示を求めることが一般的である。

⑵ 財務分析

　財務諸表の実践的な活用方法をマスターするためには、次の段階として、基礎的な財務分析の手法を知ることです。財務分析とは、財務諸表における勘定項目の関係性を計算して、数値で表すことにより、算出した数値から、その企業の実態を把握することを言います。

　財務分析を使えるようになるために重要なことは、「なぜそのように考えることができるのか」という点を、腹落ちさせて納得していくことです。そのためには、まず前提として、財務諸表の内容や各項目について、その示す意味をしっかりと理解しておくことも必要です。

　以下で、具体的に考えてみましょう。

ア　売上債権回転率

　たとえば、損益計算書に示される「売上高」と、貸借対照表に出てくる「売掛債権」の関係性を、売上債権回転率といいます。すなわち、売上債権回転率は、売上高を、売掛債権（受取手形と売掛金を合計したもの）で割った数値を指します。

　この数値が大きい、すなわち回転率が高いとはどういう場合でしょうか。売上債権回転率が高いということは、売上に比して相対的に売掛金が小さいということです。

　とすれば、売り上げた金額に比して、現金化されていないものは少なく、効率的に売掛金を回収しているということになります。したがって、財務内容が優れているということにつながります。

　図表1-5　売上債権回転率

★　売上債権回転率が高い（数値が大きい） 　→　売上に比して相対的に売掛金が小さい 　→　効率的に売掛金を回収している 　→　財務内容が優れている

このように、1つひとつの考え方を頭に思い描きながら、腹落ちしながら理解していくことが重要です。

イ　売上債権回収期間

売上債権回転率と同様の事実をとらえるためのものとして、売上債権回収期間という指標もあります。

これは、売上高の何か月分が売上債権となっているのか、すなわち、売掛債権の回収期間、つまり回収に平均何か月かかっているのか、という指標です。

図表1-6　売上債権回収期間

売上高の何か月分が売上債権となっているか？
⇒　売上債権／（売上高÷12）

これは、12を売上債権回転率で割ることにより、算定することができます。たとえば、売上債権回転率が3回転であれば、売掛債権回収期間は4か月ということになります。

図表1-7　売上債権回収期間と売上債権回転率の関係

売上債権回収期間　売上債権／（売上高÷12）
＝売上債権＊12／売上高
＝12／（売上高÷売上債権）
＝12／売上債権回転率

⇒　売上債権回収期間　＝12／売上債権回転率

売上債権回収期間は、売掛債権回転率とは逆に、この数値が小さい、つまり期間が短ければ短いほど、「資金が寝ている」期間が短いということですから、効率的な経営を行っているということになります。

　このように、「効率的な経営」を示すのは、売上債権回収期間では数値が小さい場合、売上債権回転率は数値が大きい場合をいうこととなります。

　ここで大切なことは、これらの計算式を覚えることではありません。財務諸表に出てくる勘定項目がそもそもどのようなものであったかという点を頭に描きながら、各項目間の関係性に着目し、可能であれば実際のビジネスを頭に描きながら、なぜそのような結果になるのかを考えて、納得しながら理解していくことです。

　このような財務分析の具体的な手法については、第7章で紹介することとしましょう。

For your reference 公正なる会計慣行とは？

　日本の会計は、一般に公正妥当と認められる公正なる会計慣行を規範として作成されている。

　上場・非上場にかかわらず、すべての株式会社に適用される法律は、会社法である。会社法においては、株式会社の会計は、「一般に公正妥当と認められる企業会計の慣行に従うもの」とされている（会社法431条）。

　また、会社法の規定により委任された、会社の計算に関する事項その他の事項について必要なことを定めた省令を、「会社計算規則」という（会社計算規則1条）。この会社計算規則においても、「この省令の用語の解釈及び規定の適用に関しては、一般に公正妥当と認められる企業会計の基準その他の企業会計の慣行をしん酌しなければならない」（会社計算規則3条）とされている。

　それでは、ここでいう「一般に公正妥当と認められる企業会計の基準や慣行」とは、具体的にどのようなものを指すのだろうか。

　この点については必ずしも明確ではないものの、一般的には、①1949年に大蔵省企業会計審議会が定めた「企業会計原則」を中心として、以後同審議会が設定してきた会計基準、②2001年以後、企業会計基準委員会が設定した会計基準を合わせたものを指していると言われている。そのほか、③企業会計基準委員会から公表された企業会計基準適用指針及び実務対応報告、④日本公認会計士協会から公表された会計制度委員会等の実務指針及びQ&Aなども含まれると解されている。

　これらは、企業会計基準委員会や日本公認会計士協会のホームページ等で閲覧や入手することができる。

この章のまとめ

● 法律家として会計を理解することの重要性
　法律家としての本質的機能　＝　法務リスクの軽減を果たすため
　　※　損失を防ぎ、企業価値の向上に資するために重要

● 法律家が会計を必要とする場面
　取引先が倒産する場面
　M&Aの場面
　会社の経営に参画する場面

● 会計リテラシーの養成のために何が必要か？
　財務諸表とは何かを理解する　勘定科目の内容
　⇒　財務分析　1つひとつの考え方を頭に思い描きながら理解していく

財務三表とは？

この章で学ぶこと

- ・　財務諸表とは？
- ・　財務三表とは何か？
- ・　企業の経済活動とのつながり

① 財務諸表とは？

　財務諸表とは、「企業活動を財務数値として記録し、その結果を集計した書類」をいいます。

　財務諸表は、企業活動を記録することにより、さまざまな外部の利害関係者に対して、企業の実態に関する情報を提供するために作成されます。

　ここでいう「企業を取り巻く利害関係者」としては、たとえば、出資者（株主）、債権者、従業員、顧客や仕入先などの取引先、監督官庁などの政府機関などが考えられます。

Advance　金融商品取引法の財務諸表

■　金融商品取引法とは

　金融商品取引法は、投資家保護を目的として、①開示規制、②取引規制、③業規制を行っている。このうち、開示規制としては、投資をするにあたって必要な情報を提供することによりその合理的判断に資するため、以下の2つの制度がある。

図表2-1　2種類の開示制度

1．有価証券が発行される際に行われる、発行開示制度 2．定期的に必要となる、継続開示制度

■　発行開示制度

　まず、発行開示制度は、有価証券の発行者に対し、その発行する有価証券を取得しようとする投資家に対して、投資の判断材料を提供するための開示制度である。

　具体的には、一定の要件をみたす有価証券を発行する場合には、「有価証券届出書」などの開示が義務付けられている。

■　継続開示制度

　次に、継続開示制度は、東京証券取引所などの金融商品取引所に上場されている、有価証券等を発行している会社（いわゆる上場会社）などが、投資家が合理的な判断をすることができるようにするため、継続的に企業情報を提供するものである。

　このような開示書類には、
　①　毎年決算期ごとに作成・公表する「有価証券報告書」
　②　3か月後の期間を対象として作成・公表する「四半期報告書」
　③　臨時的な事象が生じた場合に作成が義務づけられる「臨時報告書」
などがある。

　有価証券報告書は、決算日から3か月以内、四半期報告書は、各四半期末から45日以内に作成し、それぞれ金融庁に届け出るものとされている。

　これらの開示書類は、管轄財務局長などに対して、電子開示システム（EDINET：Electronic Disclosure for Investor's NETwork）を通じて提出され、管轄財務局や金融商品取引所、会社の本店などで公衆縦覧に供される（金商法25条1項、27条の30の3第1項等）。

　このように、EDINETが導入された結果、インターネットを通じて、すべての投資家が、簡単に開示書類を閲覧する機会が得られるようになっている。

　財務諸表には個別財務諸表と連結財務諸表があるが、有価証券報告書においては、連結財務諸表が主たる会計書類として位置づけられている。

■　有価証券報告書の構成

　有価証券報告書の記載事項には、次のような項目がある。

- ✓　企業の概況：経営指標、事業の内容、従業員の状況など
- ✓　事業の状況：経営方針、経営環境、事業等のリスク、財務状況、キャッシュフロー分析など
- ✓　設備の状況：設備投資の概要、状況、新設など
- ✓　提出会社の状況：株式等の状況、配当政策、役員の状況
- ✓　コーポレート・ガバナンスの状況等：コーポレート・ガバナンスの状況、監査報酬の内容など
- ✓　経理の状況：連結財務諸表、比較情報、会計方針など

　このような記載項目のうち、「経理の状況」において、（連結）貸借対照表、（連結）損益計算書、（連結）株主資本等変動計算書、（連結）キャッシュフロー計算書などの財務諸表が掲載されている。

② 財務三表

　これから、財務諸表の中心的なものである「財務三表」、すなわち、①貸借対照表、②損益計算書、③キャッシュフロー計算書の内容と、その関係について説明します。

図表 2-2 　財務三表

✓　貸借対照表（B/S）
✓　損益計算書（P/L）
✓　キャッシュフロー計算書（C/F）

　まず、企業活動はどのように分類することができるでしょうか。
　企業が営む経済活動には、大別すると、①資金調達活動、②資金運用活動、③事業活動があります。すなわち、企業は、①資金を調達し、②その調達資金を運用（投下）して、事業活動に必要な資産を購入します。そして、③その資産を用いて、事業活動を行うのです。

図表 2-3 　企業の経済活動

①資金を調達する　⇒　②資金を運用する　⇒　③事業活動する

　このような経済活動は、財務諸表において、どのように表現されるでしょうか。まず、貸借対照表においては、①資金調達活動、②資金運用活動が表現されています。これに対して、③事業活動については、損益計算書において表現

されます。以下、具体的に見てみましょう。

図表2-4　企業の経済活動

(1)　貸借対照表（B/S）

ア　貸借対照表（B/S）とは

　貸借対照表（B/S）とは、ある時点の「資産」と、「負債」「純資産」、すなわち財政状態を表したものです。B/Sとは、Balance Sheet の略です。

　この「ある時点」のことを、通常、決算期末と言います。わが国では、4月1日に始まり、3月31日に終わる、いわゆる3月決算の会社が多いですが、この場合、決算期末日は、3月31日ということとなります。

　貸借対照表の具体例を見てみましょう。

　次頁の図表2-5は、2019年12月期の有価証券報告書に添付されている株式会社資生堂の（連結）貸借対照表です。

　有価証券報告書の財務諸表は、2期分が併記されますので、前連結会計年度分（2018年12月31日）と、当連結会計年度（2019年12月31日）の連結貸借対照表が掲載されていますが、ここでは当連結会計年度（2019年12月31日）の連結貸借対照表のみを取り上げます。

　このように、貸借対照表においては、左側（借方）に、決算期末日時点における「資産」を、右側（貸方）に、決算期末日時点における「負債」と「純資産」を対照表示しています。

　上記の貸借対照表を、単純化して、図表2-6（33ページ）のように図示することとしましょう。

図表2-5　資生堂の連結貸借対照表（2019年12月期）

（単位：百万円）　　　　　　　　　　　（単位：百万円）

資産の部		負債の部	
流動資産		流動負債	
現金及び預金	110,342	支払手形及び買掛金	31,336
受取手形及び売掛金	172,905	電子記録債務	65,601
たな卸資産	181,104	短期借入金	120,496
その他	71,012	1年内返済予定の長期借入金	730
貸倒引当金	△2,741	1年内償還予定の社債	15,000
流動資産合計	532,623	リース債務	8,722
固定資産		未払金	89,124
有形固定資産		未払法人税等	11,951
建物及び構築物	223,611	返品調整引当金	5,333
減価償却累計額	△101,735	返金負債	9,899
建物及び構築物（純額）	121,875	賞与引当金	25,132
機械装置及び運搬具	104,566	役員賞与引当金	101
減価償却累計額	△60,284	危険費用引当金	341
機械装置及び運搬具（純額）	44,281	事業撤退損失引当金	117
工具、器具及び備品	94,939	その他	80,383
減価償却累計額	△53,840	流動負債合計	464,273
工具、器具及び備品（純額）	41,099	固定負債	
土地	45,040	社債	15,000
リース資産	9,643	長期借入金	70,791
減価償却累計額	△4,394	リース債務	17,368
リース資産（純額）	5,248	長期未払金	49,153
使用権資産	26,395	退職給付に係る負債	69,804
減価償却累計額	△6,702	債務保証損失引当金	350
使用権資産（純額）	19,693	環境対策引当金	54
建設仮勘定	37,518	繰延税金負債	2,712
有形固定資産合計	314,757	その他	11,430
無形固定資産		固定負債合計	236,665
のれん	64,499	負債合計	700,938
リース資産	536	純資産の部	
商標権	135,209	株主資本	
その他	48,963	資本金	64,506
無形固定資産合計	249,209	資本剰余金	70,741
投資その他の資産		利益剰余金	371,435
投資有価証券	13,915	自己株式	△2,591
長期前払費用	16,690	株主資本合計	504,092
繰延税金資産	55,313	その他の包括利益累計額	
その他	36,317	その他有価証券評価差額金	3,106
貸倒引当金	△31	為替換算調整勘定	10,839
投資その他の資産合計	122,205	退職給付に係る調整累計額	△21,600
固定資産合計	686,172	その他の包括利益累計額合計	△7,654
資産合計	1,218,795	新株予約権	1,263
		非支配株主持分	20,156
		純資産合計	517,857
		負債純資産合計	1,218,795

図表2-6　貸借対照表──資産と負債・純資産

資産	負債
	純資産

For your reference　個別財務諸表と連結財務諸表

　財務諸表には、通常、個別財務諸表と連結財務諸表が作成される。

　個別財務諸表とは、単体の法人を対象とした財務諸表をいい、法人格を有する法的に独立した主体ごとに作成される。すなわち、「法的な実体」ごとに作成される会計書類である。

　これに対して、連結財務諸表とは、子会社等を含めた企業集団全体に関する会計書類をいう。グループ内の企業群を1つの会計単位として取り扱い、便宜的に、これらのグループの企業群を単一の企業と見なした上で作成される財務諸表である。

　親会社は、子会社の株式の過半数を保有するなど、子会社に対して支配的な地位を有している。企業集団を構成する個々の会社は、それぞれ法的には別の実体であるが、経済的・実質的には支配従属関係をもった1つの組織体としてとらえることができる。連結財務諸表は、このような企業集団の経営実態をとらえ、企業集団全体に関する情報を提供することにより、投資家等に対して、企業集団に関する情報を提供することを目的とするものである。

　我が国においては、従前から、金融商品取引法上、連結財務諸表を作成し、有価証券報告書に開示してきたものの、個別財務諸表が優先的に表示されてきた。しかし、2000年代前半から、本格的に連結決算中心主義に移行し、2000年3月期からは、連結財務諸表が個別財務諸表よりも優先的に表示されることとなった。

　会社法においても、会社法上の大会社のうち、有価証券報告書を提出する企業は、連結計算書類として、株主に報告することとなっている（会社法444条）。

　このように、現在の我が国の財務報告制度においては、連結財務書類が中心となっている。連結計算書類を「作成」するためには、投資と資本の消去、未実現利益の消去など、高度な知識を必要とするため、その知識の習得は容易ではない。しかし、最終的なアウトプットである連結財務諸表と個別財務諸表では、一部用いられる用語が異なったり、特有の用語が存在するが、本質的には変わるこ

とがない。このため、以下では、特に必要な場合を除き、両者を区別なく用いることとしたい。

Advance 連結の範囲──子会社とは

　連結財務諸表に含められる企業の範囲を、**連結の範囲**という。
　現行の連結会計基準によれば、子会社は、原則として、すべて連結の範囲に含めなければならない。

■　子会社とは？

　では、子会社とはどのように定義されるだろうか。
　子会社とは、「会社がその総株主の議決権の過半数を有する株式会社その他の当該会社が経営を**支配している**法人として法務省令で定めるもの」（会社法2条3号）をいう。
　これに対し、親会社とは、「株式会社を子会社とする会社その他の当該株式会社の経営を支配している法人として法務省令で定めるもの」（会社法2条4号）をいう。

■　支配とは？

　それでは、上記定義に言う「支配」とはどのようなものか。
　「支配」とは、株式会社の財務及び事業の方針の決定を支配している場合をいい（会社法施行規則3条1項）、当社（親会社等）が持つ議決権の割合により、以下のように要件が定められている。

図表2-7　子会社の判定

当社の議決権	議決権以外の要件
(1)　50％超	―
(2)　40％以上50％以下	特定の者の議決権とあわせて50％超又は一定の要件
(3)　40％未満	特定の者の議決権とあわせて50％超かつ一定の要件

・　当社が50％超を所有している場合—————————————

　まず、当社が、①他社の議決権の50％超を所有している場合には、株式会社の財務及び事業の方針の決定を支配しているものとして、当該他社は、子会社に該当する。

・　当社が40％超50％以下を所有している場合—————————

　次に、当社が、②他社の議決権の40％以上を所有している場合であれば、ⅰ）当社と特定の者の議決権とあわせて50％超の場合、又はⅱ）一定の要件に該当する場合には、株式会社の財務及び事業の方針の決定を支配しているものとして、当該他社は、子会社に該当する。

■　特定の者とは？

　ここでいう「特定の者」とは、
①　当社と、出資、人事、資金、技術、取引等において緊密な関係があることにより、自己の意思と同一の内容の議決権を行使すると認められる者（いわゆる「緊密者」、会社法施行規則３条３項二イ(2)）
②　当社と、同一の内容の議決権を行使することに同意している者（いわゆる「同意者」、会社法施行規則３条３項二イ(3)）
をいう。

■　一定の要件

　また、一定の要件とは、
●　他の会社の取締役会等の構成員の50％超が、当社の役員など当社の意思で行動する人たちで占められている（会社法施行規則３条３項二ロ）
●　その会社の重要な財務及び営業又は事業の方針の決定を支配する契約等が存在する（会社法施行規則３条３項二ハ）
●　他の会社等の資金調達額の総額の過半を超える融資を行っている（会社法施行規則３条３項二ニ）
●　その他その他自己が他の会社等の財務及び事業の方針の決定を支配していることが推測される事実が存在する（会社法施行規則３条３項二ホ）
をいう。
　このように、当社が、②他社の議決権の40％以上を所有している場合には、

ｉ）当社と特定の者の議決権とあわせて50％超の場合、又はⅱ）一定の要件に該当する場合には、株式会社の財務及び事業の方針の決定を支配しているものとして、当該他社は、子会社に該当する。

・　当社が40％未満を所有している場合────────────────

　最後に、③自社及び特定の者が他社の議決権の40％未満を所有している場合は、特定の者の議決権とあわせて50％超であり、かつ一定の要件に該当する場合には、株式会社の財務及び事業の方針の決定を支配しているものとして、当該他社は、子会社と判定される。

　このように、子会社の判定は、単に議決権の保有割合のみならず、実態に即した判断が求められている。

　なお、前述のとおり、現行の連結会計基準によれば、子会社は、原則として、すべて連結の範囲に含めなければならない。しかし、たとえば、親会社の支配が一時的であると認められる場合など一定の場合には、連結の範囲から除外される。

　子会社のうち、連結の範囲に含められるものを**連結子会社**、含まれないものを**非連結子会社**という。連結子会社は、その財務諸表の全体を親会社の財務諸表と合算し、投資と資本の消去など必要な調整を加えることにより、連結財務諸表に取り込まれることとなる。

イ　貸借対照表の３つのパート

　前述のとおり、貸借対照表においては、左側（借方）に決算期末日時点における**資産**を、右側（貸方）に決算期末日時点における**負債**と**純資産**を対照表示しています。このように、貸借対照表は、大きく３つのパートに分かれます。

　まず、左側の借方の「資産」です。資産とは、資金の運用状態を示しています。すなわち、**図表２-４**の経済活動の分類では、「②資金運用活動」を示しています。

　これに対し、右側の「貸方」の「負債」と「純資産」は、資金の調達源泉を示しています。**図表２-４**の経済活動の分類では、「①資金調達活動」を示しています。

> ┌─────────┐
> │ポイント│　資産・負債・純資産
> └─────────┘
> 　　資産　　　　　：　貸借対照表の左側（借方）⇒　資金の運用状態
> 　　負債・純資産　：　貸借対照表の右側（貸方）⇒　資金の調達源泉

以下で、もう少し具体的に見ていきましょう。

　▶　資金の調達源泉──負債と純資産

　まずは、貸借対照表の右側（貸方）からです。右側（貸方）は、会社が、どのように資金を調達してきたかを示しています。

　企業活動を考えてみましょう。企業を立ち上げたとき、まずは資金を集めてこないといけません。資金の集め方としては、大きく分けて2つの方法があります。

　1つは、**間接金融**といわれる、主として金融機関などの債権者から金銭を調達する方法、すなわち「借りる」という方法があります。このように調達した資金は、債務として返済義務を負います。このように調達した資金は、他人資本又は負債といわれます。

　これに対し、**直接金融**といわれる、株主から資金調達する方法、すなわち「出資してもらう」という方法があります（なお、株式会社は株主からの出資により設立されますから、時系列でいえば、まず株主からの資金調達が先になることとなるでしょう）。このように調達した資金は、会社として返済する義務はありません。これは、自己資本又は、単に資本といわれます。

> ┌─────────┐
> │ポイント│　負債と純資産の違い
> └─────────┘
> 　・　負債　　　⇒　　返済義務あり
> 　・　純資産　　⇒　　返済義務なし

　このように負債と純資産の違いのポイントは、資金調達をした主体に対し、**返済義務があるか否か**という点です。

　以上のように、資金の返済義務に着目し、どのような形で資金を調達したかということが、貸借対照表の右側（貸方）に表現されています。

▶ 資金の運用状態——資産

　企業は、大別して上記のような2つの方法により調達した資金を、運用することとなります。具体的には、たとえば工場を買いました、建物を買いました、商品を買いましたという形で、集めた資金を、「資産」に変えていきます。これが資金の運用です。

　このように集めた資金をどのような資産に変えているかということが、貸借対照表の左側に現れることとなります。

▶ まとめ——貸借対照表とは？

　以上のような資金の運用状態と調達源泉を、決算期末という一時点で切ったのが、貸借対照表です。

　貸借対照表は、会社が営む経済活動のうち、

---

　① 資金調達活動を、負債・純資産に分類して、貸方（右側）
　② 資金運用活動を、資産として、借方（左側）

に表現したものです。

　2種類の方法により調達された資金は、何らかの形で資産として運用されますから、貸借対照表の3つの項目の間には、

$$資産＝負債＋純資産$$

という等式が常に成立することとなります。

ポイント　貸借対照表
- ある時点の「資産」（運用状態）、「負債」「純資産」（調達源泉）を示す
- 資産＝負債＋純資産との等式が成立する
- 貸方（右側）：負債・純資産　→　①資金調達活動
- 借方（左側）：資産　→　②資金運用活動

Advance 会社法における財務諸表——会社法の計算書類

会社法が、すべての株式会社に対して、作成と報告を義務付けている書類は、
① 貸借対照表　② 損益計算書　③ 株主資本等変動計算書
④ 注記表　⑤ 事業報告　⑥ 附属明細書
である（会社法435条第2項、会社計算規則59条）。

なお、会社計算規則とは、会社の計算に関する事項その他の事項について、必要な事項を定めることを目的とする法務省令である。

また、会社法上の大会社（資本金5億円以上又は負債合計200億円以上の株式会社（会社法2条6号）のうち、金融商品取引法の適用を受け、有価証券報告書を提出する企業に対しては、連結計算書類の作成・報告が義務付けられている（会社法444条第3項、会社計算規則61条）。

計算書類は、法人格を有する法的に独立した主体ごとに作成されるのに対し、連結計算書類は、子会社等を含めた企業集団全体に関する会計書類である。

会社法に定められている財務報告書をまとめると、**図表2-8**のとおりである。

図表2-8　会社法上の財務報告書

計算書類	貸借対照表 損益計算書 株主資本等変動計算書 個別注記表	会社の会計に関する事項について、作成を求められるもの（会社法435条2項）
計算書類の 附属明細書		固定資産の明細、引当金の明細、販売費及び一般管理費の明細など、計算書類の内容を理解するための明細資料
連結計算書類	連結貸借対照表 連結損益計算書 連結株主資本等変動計算書 連結注記表	企業集団ベースでの計算書類（会社法444条）。会計監査人設置会社のうち有価証券報告書を提出する大会社に作成義務あり

事業報告及び その附属明細 書		会社の現況や役員など、会計に 関する事項以外で、会社の事業 について報告するもの
臨時計算書類		期中に利益を確定させて配当す るなど、臨時で決算を行う場合 の計算書類（会社法441条）

　株主総会招集通知には、会社法の計算書類や事業報告が添付されている。たとえば、東京証券取引所に上場している企業は、株主総会招集通知については、東証上場会社情報サービスで閲覧することができるし、自社のホームページにおいて掲載することも一般的である。このため、たとえ株主でなくとも、上場会社の計算書類を入手することができる。

⑵　損益計算書（P/L）

　次に、会社が営む③事業活動については、**損益計算書**において表現されています。

　損益計算書（P/L）とは、経営成績を明らかにするために、ある一定期間の「収益」と「費用」、差額の「利益」を示したものをいいます。P/Lとは、Profit and Loss Statementです。

　事業活動により達成された成果を**収益**、その成果を得るために費やされた労力を金額的に算定したものを**費用**といいます。ある一定期間とは、通常1年です。たとえば、4月1日から3月31日までの1年間を指します。

　図表2-9は、2019年12月期の株式会社資生堂の連結損益計算書です。

　このように、損益計算書においては、収益項目である「売上高」から始まり、それにかかった費用について、企業活動の内容により分類表示したうえ、差し引いていくことにより、最終的に、当期に獲得した利益として、当期純利益を示します。

図表2-9　資生堂の連結損益計算書（2019年12月期）

（単位：百万円）

売上高	1,131,547
売上原価	254,844
売上総利益	876,703
販売費及び一般管理費	762,871
営業利益	113,831
営業外収益	
受取利息	1,243
受取配当金	333
持分法による投資利益	330
受取家賃	625
補助金収入	1,056
その他	2,086
営業外収益合計	5,674
営業外費用	
支払利息	2,292
為替差損	5,375
その他負債の利息	1,266
その他	1,831
営業外費用合計	10,766
経常利益	108,739
特別利益	
固定資産売却益	654
投資有価証券売却益	3,449
事業譲渡益	―
特別利益合計	4,103
特別損失	
固定資産処分損	1,683
投資有価証券売却損	165
投資有価証券評価損	27
事業構造改善費用	1,637
構造改革費用	1,483
関係会社整理損	466
事業撤退損	―
特別損失合計	5,465
税金等調整前当期純利益	107,378
法人税、住民税及び事業税	22,538
過年度法人税等	4,504
法人税等調整額	3,033
法人税等合計	30,076
当期純利益	77,301
非支配株主に帰属する当期純利益	3,739
親会社株主に帰属する当期純利益	73,562

これを、単純化して**図表2-10**のように表すこととしましょう。

▶ 現金主義と発生主義

損益計算書に示される収益と費用をどのように認識するかについて、**現金主義**（cash basis）と**発生主義**（accrual basis）という2つの考え方があります。

まず、現金主義とは、収益と費用は、それぞれに関連する現金収入と現金支出の時点において認識し、現金が流入又は流出した期間の損益計算書に計上するという方法です。すなわち、収益と費用は、現金収入と現金支出と完全に一致することとなります。

これに対し、発生主義とは、現金収支という事実だけではなく、債権・債務の発生も基礎として、収益・費用を計上するという方法です。たとえば、収益については、現金が入金される時点まで収益の認識を待たず、売掛金などの債権が発生した時点で認識することとなります。販売取引において、相手方に対して、債権が発生するということは、商品の引渡しやサービスの提供が完了したということです。現金収入がなくても、このような事実が発生すれば、販売取引の成果に関する重要な事実が生じたのであるから、この時点で収益を認識しようと考えるのです。

同じく、会社の費用についても、現金支出の時点まで待たず、相手方に対する支払義務である、買掛金などの債務が発生した時点で認識することとなります。

発生主義では、収益は、当期の経済活動の成果をより正確に反映していることとなります。また、費用も経済的価値の消費の事実に基づいて、収益とより一層厳密に対応されていることとなります。このため、発生主義は現金主義よりも、当期の経営活動の成果を、より実態にそって適切に表現されていると言えます。

我が国の会計基準においては、損益計算においては現金主義ではなく、発生主義を基本としています。

図表2-10　損益計算書

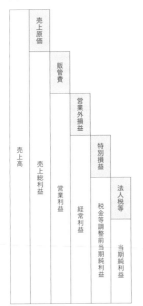

Advance 発生主義の基本原則

　現行の会計基準は、前述のとおり、発生主義を原則としている。発生主義会計は、①発生原則、②実現原則、③対応原則という３つの基本原則が基礎となっている。

■　発生原則

　①発生原則とは、「すべての費用及び収益は、その支出及び収入に基づいて計上し、その発生した期間に正しく割当てられるように処理しなければならない」（企業会計原則　第二・一・A）というものである。
　すなわち、収益、費用は、現金の流入又は流出という事実ではなく、発生したといえるか、すなわち「発生の事実」により、処理しなければならない。収益とは、企業活動による経済的価値の生成を意味するし、費用とは、企業活動による経済的価値の消費を意味する。このため、ここでいう発生の事実とは、企業活動における経済価値の生成や費消を示す事実をいう。

■　実現原則

　②実現原則とは、収益計上の確実性や客観性を確保するために、財やサービスが市場において取引された時点、すなわち「実現」した時点に収益を認識するという考え方である。取引が実現した時点において、収益計上を認めることにより、逆に言えば、実現したといえない時点までは、収益計上を認めないことにより、会計情報の信頼性が確保されることとなる。

■　対応原則

　このように認識された収益と費用を、厳密に対応させて認識することを通じて、発生主義会計は、各会計期間の経営成績をより適切に測定することができる。これを、③対応原則という。経済活動が引き起こすプラスの結果を「収益」として、マイナスの結果を「費用」として、両者を対応づけて認識し、利益を測定することにより、より正確な経営成績を測定することができる。
　このような収益と費用の対応関係を認識する方法としては、①売上高と売上原価のような、特定の資産を媒介として対応関係を考える**個別的対応**と、②会計期間を媒介として同一期間に計上される収益と費用は、その期間の経済活動を通じて対応しているものととらえる**期間的対応**、の２つの方法がある。

> ポイント　損益計算書
> ・　ある一定期間の「収益」と「費用」、差額の「利益」を表したもの
> 　　　収益－費用　＝　利益
> ・　事業活動の成果である「収益」と、その成果を得るための労力である
> 　　「費用」を示す　→　③事業活動
> ・　発生主義会計
> 　　現金収支だけではなく、債権・債務の発生も基礎として、収益・費
> 　　用を計上する方法

⑶　キャッシュフロー計算書（C/F）

　最後に、キャッシュフロー計算書とは、ある一定期間の現預金の増減を表したものをいいます。すなわち、事業活動の成果を、現金の増減を通じて表現したものです。

　この一定期間も、通常1年です。現預金の増加を「収入」、現預金の減少を「支出」といいます。

　図表2-11は、2019年12月期の株式会社資生堂の連結キャッシュフロー計算書です。

　このように、キャッシュフロー計算書においては、①営業活動によるキャッシュフロー、②投資活動によるキャッシュフロー、③財務活動によるキャッシュフローに分類して、それぞれの活動による現預金の増減を示しています。

　その詳細については、第6章で解説します。

> ポイント　キャッシュフロー計算書
> ・　ある一定期間の現預金の増減を表したもの
> ・　営業活動、投資活動、財務活動に分類して表示

図表2-11 資生堂の連結キャッシュフロー計算書（2019年12月期）

(単位：百万円)

営業活動によるキャッシュ・フロー		投資活動によるキャッシュ・フロー	
税金等調整前当期純利益	107,378	定期預金の預入による支出	△9,833
減価償却費	55,732	定期預金の払戻による収入	10,781
のれん償却額	2,678	投資有価証券の取得による支出	△462
固定資産処分損益（△は益）	1,028	投資有価証券の売却による収入	10,181
投資有価証券売却損益（△は益）	△3,283	事業譲渡による収入	—
事業譲渡益	—	事業譲受による支出	△1,090
貸倒引当金の増減額（△は減少）	770	有形固定資産の取得による支出	△92,202
返品調整引当金の増減額（△は減少）	△5,626	有形及び無形固定資産の売却による収入	1,190
返金負債の増減額（△は減少）	5,306	無形固定資産の取得による支出	△19,598
賞与引当金の増減額（△は減少）	△5,637	長期前払費用の取得による支出	△8,305
役員賞与引当金の増減額（△は減少）	△109	敷金及び保証金の差入による支出	△1,997
危険費用引当金の増減額（△は減少）	△110	連結の範囲の変更を伴う子会社株式の取得による支出	△91,768
退職給付に係る負債の増減額（△は減少）	△3,859	その他	282
環境対策引当金の増減額（△は減少）	△90	投資活動によるキャッシュ・フロー	△202,823
事業撤退損失引当金の増減額（△は減少）	△3,086	財務活動によるキャッシュ・フロー	
受取利息及び受取配当金	△1,576	短期借入金及びコマーシャル・ペーパーの増減額（△は減少）	117,751
支払利息	2,292	長期借入れによる収入	43,624
その他負債の利息	1,266	長期借入金の返済による支出	△730
持分法による投資損益（△は益）	△330	社債の償還による支出	△10,000
売上債権の増減額（△は増加）	△9,209	リース債務の返済による支出	△8,278
たな卸資産の増減額（△は増加）	△31,217	自己株式の取得による支出	△22
仕入債務の増減額（△は減少）	10,190	自己株式の処分による収入	114
その他	6,408	配当金の支払額	△22,028
小計	128,914	非支配株主への配当金の支払額	△5,133
利息及び配当金の受取額	1,673	長期未払金の返済による支出	△1,618
利息の支払額	△2,021	その他	—
その他負債の利息の支払額	△1,266	財務活動によるキャッシュ・フロー	113,678
法人税等の支払額	△51,736	現金及び現金同等物に係る換算差額	△693
営業活動によるキャッシュ・フロー	75,562	現金及び現金同等物の増減額（△は減少）	△14,276
		連結除外に伴う現金及び現金同等物の減少額	△24
		現金及び現金同等物の期首残高	111,767
		現金及び現金同等物の期末残高	97,466

この章のまとめ

財務三表とは
- ●貸借対照表（B/S）
  ある時点の「資産」（運用状態）、「負債」「純資産」（調達源泉）を表したもの
- ●損益計算書（P/L）
  ある一定期間の収益」と「費用」、差額の「利益」を表したもの
- ●キャッシュフロー計算書（C/F）
  ある一定期間の現預金の増減を表したもの

第3章
財務三表のつながり

この章で学ぶこと

- 財務三表はどのようにつながっているか
- 貸借対照表（B/S）と損益計算書（P/L）のつながり
- キャッシュフロー計算書（C/F）と貸借対照表（B/S）のつながり
- 損益計算書（P/L）とキャッシュフロー計算書（C/F）のつながり

1　財務三表のつながり

　前述のとおり、貸借対照表（B/S）と損益計算書（P/L）、キャッシュフロー計算書（C/F）を財務三表といいます。

　これらの財務三表は、それぞれの財務諸表に示されている各項目が切り離されているわけではありません。財務三表を理解する上で、この3つの財務諸表の「つながり」を意識することは、非常に重要です。また、そのようなつながりを意識することにより、財務分析を理解する際に役立つこととなります。

　本章では、この財務三表はそれぞれどのような形でつながっているのか整理していくこととしましょう。

　まず、数値を単純化して、そのつながりを示すと、図表3-1のようにまとめることができます。

　以下では、

---

　①　貸借対照表（B/S）と損益計算書（P/L）のつながり
　②　キャッシュフロー計算書（C/F）と貸借対照表（B/S）のつながり
　③　損益計算書（P/L）とキャッシュフロー計算書（C/F）のつながり

の順に整理して、説明することとしましょう。

2　貸借対照表（B/S）と損益計算書（P/L）の　　つながり

　まずB/SとP/Lのつながりを説明します。このつながりを説明するために、図表3-2（51ページ）のように図示してみましょう。

　図の上方に出てくるのが、貸借対照表（B/S）です。そして、下方は、損益計算書（P/L）を示しています。

　前述のとおり、資金の調達源泉は、貸借対照表（B/S）の右側（貸方）に、負債又は純資産として表示されています。すなわち、企業活動のスタートとし

図表3-1　財務三表のつながり

●貸借対照表（B/S）

勘定科目	前期末	当期末	増減	
（資産の部）				
現金預金	20	70	50	
売上債権	80	90	10	
棚卸資産	50	70	20	
減価償却資産	120	130	10	
土地	20	25	5	
投資有価証券	5	10	5	
資産合計	295	395	100	
（負債の部）				
仕入債務	50	75	25	
借入金	20	5	▲15	
未払法人税等	30	40	10	
（純資産の部）				
資本金	20	20	0	
繰越利益剰余金	175	255	80	
負債・純資産合計	295	395	100	

●キャッシュフロー計算書（C/F計算書）

1）営業活動によるキャッシュフローの計	105
1．税引前当期純利益	120
2．減価償却費	20
3．売上債権の増減(増加は▲)	▲10
4．棚卸資産の増減(増加は▲)	▲20
5．仕入債務の増減(増加は＋)	25
6．法人税等の支払	▲30
2）投資活動によるキャッシュフローの計	▲40
1．減価償却資産の取得	▲30
2．土地の取得	▲5
3．投資有価証券の増減	▲5
3）財務活動によるキャッシュフローの計	▲15
1．借入金の増減	▲15
現金及び現金同等物の増減額	50
現金及び現金同等物の期首残高	20
現金及び現金同等物の期末残高	70

●損益計算書（P/L）

勘定科目	当期	
売上高	2,000	
売上原価	1,700	
売上総利益	300	
減価償却費	20	
その他販管費	160	
税引前当期純利益（税金等調整前当期純利益）	120	
法人税、住民税及び事業税	40	
当期純利益	80	

て、資金を調達する必要がありますが、株主から調達した資金が純資産として、銀行などの債権者から調達した資金が負債として、表示されています。

　その集めた資金を、どのように運用しているかということが、貸借対照表（B/S）の左側（借方）として示されていました。

　このように、貸借対照表において、①資金調達活動と②資金運用活動が示されていることは、前章で説明した（38ページ）とおりです。

　企業は、資金運用により購入した資産を用いて、「③事業活動」を行います。企業の目的としては、さまざまな議論のあるところですが、財務会計における事業活動は、「おカネ」を稼ぐこととしてとらえることができます。すなわち、企業は、最終的に現金を獲得するために、資産を用いて事業活動を行うのです。

　その獲得したおカネが、収益項目として、損益計算書の売上高として出てきます。それに対して、かかったおカネが、費用です。

　このかかった費用が差し引かれて、最終的には当期純利益の形で出てくることとなります。すなわち、事業活動によって、売上という「おカネ」を獲得する。そして、その売上を獲得するために「おカネ」を使う。そして、最終的に残った「おカネ」が、この当期純利益として表れてくるということになります。

　この当期純利益はどうなるかというと、一部は、株主に対して「配当」という形で、その出資のリターンとして支払われることとなります。配当に回らなかったものが、貸借対照表の純資産に戻ってくる、すなわち、いわゆる「内部留保」として残ることとなります。

```
ポイント
      当期純利益  →  ┌ 配当
                     └ 内部留保（貸借対照表の純資産：利益剰余金）
```

　企業は、獲得した利益を、株主に配当しながら、その残りを内部留保として、会社の純資産を厚くして、これをまた、資産に変えるということを繰り返し、事業活動を継続していくこととなります。内部留保が多すぎるというの

図表3-2　貸借対照表と損益計算書のつながり

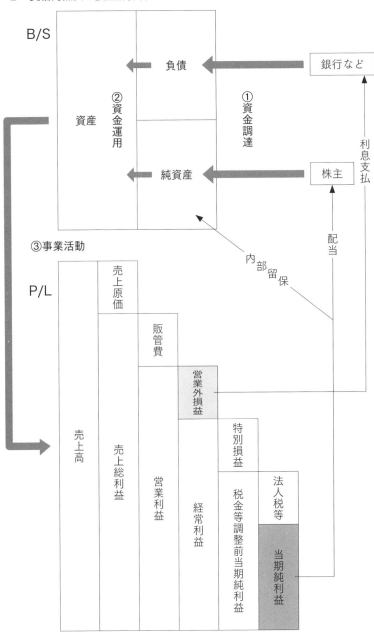

は、この純資産がどんどんと増加していくということです。日本企業は内部留保が多すぎるといわれるのは、株主にもっと配当してくれ、株主にもっと報いてくれということと基本的には同義です。

　このように、貸借対照表と損益計算書は、①資金調達→②資金運用→③事業活動という企業の経済活動の流れの中で、事業活動の最終的な成果である利益が、貸借対照表の純資産に戻ってくることにより、つながっているのです。

　なお、営業外損益から、銀行に対して矢印が伸びています。これは、銀行に対する利息の支払いは、支払利息として営業外費用として表示されていることを示しています。

ポイント　貸借対照表（B/S）と損益計算書（P/L）のつながり

　　　資金の調達　＝　負債・純資産　⇒　資金の運用　＝　資産
　　　→　貸借対照表に表示

　　　事業活動　＝　資産を用いて、現金を稼ぐこと
　　　⇒　収益から費用を差し引いた利益　→　損益計算書に表示

　　　・　最終的に、利益を株主に分配　⇒　配当
　　　・　利益を株主に配当せずに、企業内にためておく
　　　　　　⇒　内部留保（利益剰余金）　→　貸借対照表に表示

財務諸表で確認してみよう

　これを実際の財務諸表で確認してみましょう。
　もう一度、2019年12月期の資生堂の貸借対照表と損益計算書を見てみます。

図表3-3　資生堂の連結貸借対照表（2019年12月期）〔再掲〕

（単位：百万円）　　　　　　　　　　　　　　（単位：百万円）

資産の部		負債の部	
流動資産		流動負債	
現金及び預金	110,342	支払手形及び買掛金	31,336
受取手形及び売掛金	172,905	電子記録債務	65,601
たな卸資産	181,104	短期借入金	120,496
その他	71,012	1年内返済予定の長期借入金	730
貸倒引当金	△2,741	1年内償還予定の社債	15,000
流動資産合計	532,623	リース債務	8,722
固定資産		未払金	89,124
有形固定資産		未払法人税等	11,951
建物及び構築物	223,611	返品調整引当金	5,333
減価償却累計額	△101,735	返金負債	9,899
建物及び構築物（純額）	121,875	賞与引当金	25,132
機械装置及び運搬具	104,566	役員賞与引当金	101
減価償却累計額	△60,284	危険費用引当金	341
機械装置及び運搬具（純額）	44,281	事業撤退損失引当金	117
工具、器具及び備品	94,939	その他	80,383
減価償却累計額	△53,840	流動負債合計	464,273
工具、器具及び備品（純額）	41,099	固定負債	
土地	45,040	社債	15,000
リース資産	9,643	長期借入金	70,791
減価償却累計額	△4,394	リース債務	17,368
リース資産（純額）	5,248	長期未払金	49,153
使用権資産	26,395	退職給付に係る負債	69,804
減価償却累計額	△6,702	債務保証損失引当金	350
使用権資産（純額）	19,693	環境対策引当金	54
建設仮勘定	37,518	繰延税金負債	2,712
有形固定資産合計	314,757	その他	11,430
無形固定資産		固定負債合計	236,665
のれん	64,499	負債合計	700,938
リース資産	536	純資産の部	
商標権	135,209	株主資本	
その他	48,963	資本金	64,506
無形固定資産合計	249,209	資本剰余金	70,741
投資その他の資産		利益剰余金	371,435
投資有価証券	13,915	自己株式	△2,591
長期前払費用	16,690	株主資本合計	504,092
繰延税金資産	55,313	その他の包括利益累計額	
その他	36,317	その他有価証券評価差額金	3,106
貸倒引当金	△31	為替換算調整勘定	10,839
投資その他の資産合計	122,205	退職給付に係る調整累計額	△21,600
固定資産合計	686,172	その他の包括利益累計額合計	△7,654
資産合計	1,218,795	新株予約権	1,263
		非支配株主持分	20,156
		純資産合計	517,857
		負債純資産合計	1,218,795

図表 3-4　資生堂の連結損益計算書（2019年12月期）〔再掲〕

（単位：百万円）

売上高	1,131,547
売上原価	254,844
売上総利益	876,703
販売費及び一般管理費	762,871
営業利益	113,831
営業外収益	
受取利息	1,243
受取配当金	333
持分法による投資利益	330
受取家賃	625
補助金収入	1,056
その他	2,086
営業外収益合計	5,674
営業外費用	
支払利息	2,292
為替差損	5,375
その他負債の利息	1,266
その他	1,831
営業外費用合計	10,766
経常利益	108,739
特別利益	
固定資産売却益	654
投資有価証券売却益	3,449
事業譲渡益	―
特別利益合計	4,103
特別損失	
固定資産処分損	1,683
投資有価証券売却損	165
投資有価証券評価損	27
事業構造改善費用	1,637
構造改革費用	1,483
関係会社整理損	466
事業撤退損	―
特別損失合計	5,465
税金等調整前当期純利益	107,378
法人税、住民税及び事業税	22,538
過年度法人税等	4,504
法人税等調整額	3,033
法人税等合計	30,076
当期純利益	77,301
非支配株主に帰属する当期純利益	3,739
親会社株主に帰属する当期純利益	73,562

当期純利益は、貸借対照表のどこに表示されているか？

　損益計算書（図表3-4）には、「親会社株主に帰属する当期純利益」が73,562百万円計上されています。この当期純利益は、貸借対照表（図表3-3）の純資産の中に表示されている「利益剰余金」371,435百万円の中に含まれています。

　このことを確認するためには、株主資本等変動計算書を確認する必要があります。株主資本等変動計算書（図表3-5）とは、資本の部の各項目について、期首から期中の変動を網羅的に明示することで、期末残高に至る過程を明らかにした財務諸表です。

図表3-5　資生堂の連結株主資本等変動計算書（2019年12月期）

	株主資本				
	資本金	資本剰余金	利益剰余金	自己株式	株主資本合計
当期首残高	64,506	70,748	319,001	△2,829	451,427
会計方針の変更による累積的影響額			1,049		1,049
会計方針の変更を反映した当期首残高	64,506	70,748	320,050	△2,829	452,476
当期変動額					
剰余金の配当			△21,966		△21,966
親会社株主に帰属する当期純利益			73,562		73,562
自己株式の取得				△22	△22
自己株式の処分			△145	259	114
非支配持分との資本取引及びその他		△6	△64		△71
株主資本以外の項目の当期変動額（純額）					―
当期変動額合計	―	△6	51,384	237	51,615
当期末残高	64,506	70,741	371,435	△2,591	504,092

	その他の包括利益累計額				新株予約権	非支配株主持分	純資産合計
	その他有価証券評価差額金	為替換算調整勘定	退職給付に係る調整累計額	その他の包括利益累計額合計			
当期首残高	4,992	15,645	△23,484	△2,846	952	18,929	468,462
会計方針の変更による累積的影響額							1,049
会計方針の変更を反映した当期首残高	4,992	15,645	△23,484	△2,846	952	18,929	469,511
当期変動額							
剰余金の配当							△21,966
親会社株主に帰属する当期純利益							73,562
自己株式の取得							△22
自己株式の処分							114
非支配持分との資本取引及びその他							△71
株主資本以外の項目の当期変動額（純額）	△1,885	△4,805	1,883	△4,807	311	1,227	△3,269
当期変動額合計	△1,885	△4,805	1,883	△4,807	311	1,227	48,346
当期末残高	3,106	10,839	△21,600	△7,654	1,263	20,156	517,857

　この株主資本等変動計算書の期末残高を見れば、貸借対照表の純資産の部の各項目の数値が並んでいることが理解できると思います。

　利益剰余金の項目を見てみましょう。期首残高319,001百万円から、期末残

高371,435百万円までの増減が示されています。この中で、「親会社株主に帰属する当期純利益」73,562百万円が、損益計算書に計上されている金額と一致しています。

　このようにして、損益計算書は貸借対照表とは当期純利益を介することによりつながっているのです。

For your reference　株主資本等変動計算書とは？

　株主資本等変動計算書とは、貸借対照表の純資産の変動の内訳や状況を示す財務諸表である。

　株主資本等変動計算書を活用することにより、損益計算書だけからは判明しない、純資産（株主資本）の変動の内訳を確認することができる。

　株主資本等変動計算書は、企業会計基準第6号「株主資本等変動計算書に関する会計基準」及び企業会計基準適用指針第9号「株主資本等変動計算書に関する会計基準の適用指針」に従って作成しなければならない。

　また、株主資本等変動計算書の表示方法については、会社計算規則、及び財務諸表等規則等の定めるところに従うこととなる（会社法435条、会社計算規則59条1項、96条以下、財務諸表規則99条以下、連結財務諸表規則70条以下）。

---

③　キャッシュフロー計算書（C/F）と貸借対照表（B/S）のつながり

　次に、キャッシュフロー計算書（C/F）と、貸借対照表（B/S）はどのようにつながっているでしょうか。

　キャッシュフロー計算書は、現金及び預金の1年間のフローを示したものでした。また、貸借対照表の流動資産項目には、各決算期末の「現金及び預金」が計上されています。

　すなわち、原則として貸借対照表に表示されている「現金及び預金」が、キャッシュフロー計算書の「現金及び現金等価物の期末残高」と一致することとなります。

For your reference キャッシュフロー計算書の「現金及び現金等価物」とは？

　キャッシュフロー計算書では、対象とする資金の範囲を、「現金及び現金同等物」とされている。

　ここでいう「現金」とは、手許現金及び要求払預金をいう。要求払預金には、たとえば、当座預金、普通預金、通知預金等の、預金者が事前の通知なし又は数日前の通知で払い戻し請求ができる、期限の定めのない預金をいう。

　また、「現金等価物」とは、①容易に換金可能であり、かつ、②価値の変動について僅少（きんしょう）なリスクしか負わない短期投資をいう。

　このため、キャッシュフロー計算書における「現金及び現金同等物」とは、貸借対照表に表示されている「現金及び預金」とは、若干の差異が発生することとなる。

　この差異については、注記事項によりその内容を確認することができる（60ページ参照）。

　なお、有価証券報告書は、２期併記されますので、前期の財務諸表も掲載されています。前期の貸借対照表における「現金及び預金」の（期末）残高は、当期の期首残高となります。このため、前期の貸借対照表における「現金及び預金」が、キャッシュフロー計算書の「現金及び現金等価物の期首残高」と一致することとなります。

ポイント　キャッシュフロー計算書（C/F）と貸借対照表（B/S）のつながり
- 前期末の貸借対照表：「現金及び預金」
  - →　キャッシュフロー計算書：「現金及び現金等価物の期首残高」
- 当期末の貸借対照表：「現金及び預金」
  - →　キャッシュフロー計算書：「現金及び現金等価物の期末残高」

財務諸表で確認してみよう

これを実際の財務諸表で確認してみましょう。

もう一度、2019年12月期の株式会社資生堂の貸借対照表とキャッシュフロー計算書を確認してみます。

図表3-6　資生堂の連結貸借対照表（2019年12月期）〔再掲〕

（単位：百万円）　　　　　　　　　　　　　　　　　　　　　　（単位：百万円）

資産の部		負債の部	
流動資産		流動負債	
現金及び預金	110,342	支払手形及び買掛金	31,336
受取手形及び売掛金	172,905	電子記録債務	65,601
たな卸資産	181,104	短期借入金	120,496
その他	71,012	1年内返済予定の長期借入金	730
貸倒引当金	△2,741	1年内償還予定の社債	15,000
流動資産合計	532,623	リース債務	8,722
固定資産		未払金	89,124
有形固定資産		未払法人税等	11,951
建物及び構築物	223,611	返品調整引当金	5,333
減価償却累計額	△101,735	返金負債	9,899
建物及び構築物（純額）	121,875	賞与引当金	25,132
機械装置及び運搬具	104,566	役員賞与引当金	101
減価償却累計額	△60,284	危険費用引当金	341
機械装置及び運搬具（純額）	44,281	事業撤退損失引当金	117
工具、器具及び備品	94,939	その他	80,383
減価償却累計額	△53,840	流動負債合計	464,273
工具、器具及び備品（純額）	41,099	固定負債	
土地	45,040	社債	15,000
リース資産	9,643	長期借入金	70,791
減価償却累計額	△4,394	リース債務	17,368
リース資産（純額）	5,248	長期未払金	49,153
使用権資産	26,395	退職給付に係る負債	69,804
減価償却累計額	△6,702	債務保証損失引当金	350
使用権資産（純額）	19,693	環境対策引当金	54
建設仮勘定	37,518	繰延税金負債	2,712
有形固定資産合計	314,757	その他	11,430
無形固定資産		固定負債合計	236,665
のれん	64,499	負債合計	700,938
リース資産	536	純資産の部	
商標権	135,209	株主資本	
その他	48,963	資本金	64,506
無形固定資産合計	249,209	資本剰余金	70,741
投資その他の資産		利益剰余金	371,435
投資有価証券	13,915	自己株式	△2,591
長期前払費用	16,690	株主資本合計	504,092
繰延税金資産	55,313	その他の包括利益累計額	
その他	36,317	その他有価証券評価差額金	3,106
貸倒引当金	△31	為替換算調整勘定	10,839
投資その他の資産合計	122,205	退職給付に係る調整累計額	△21,600
固定資産合計	686,172	その他の包括利益累計額合計	△7,654
資産合計	1,218,795	新株予約権	1,263
		非支配株主持分	20,156
		純資産合計	517,857
		負債純資産合計	1,218,795

図表3-7　資生堂の連結キャッシュフロー計算書（2019年12月期）〔再掲〕

（単位：百万円）

営業活動によるキャッシュ・フロー		投資活動によるキャッシュ・フロー	
税金等調整前当期純利益	107,378	定期預金の預入による支出	△9,833
減価償却費	55,732	定期預金の払戻による収入	10,781
のれん償却額	2,678	投資有価証券の取得による支出	△462
固定資産処分損益（△は益）	1,028	投資有価証券の売却による収入	10,181
投資有価証券売却損益（△は益）	△3,283	事業譲渡による収入	―
事業譲渡益	―	事業譲受による支出	△1,090
貸倒引当金の増減額（△は減少）	770	有形固定資産の取得による支出	△92,202
返品調整引当金の増減額（△は減少）	△5,626	有形及び無形固定資産の売却による収入	1,190
返金負債の増減額（△は減少）	5,306	無形固定資産の取得による支出	△19,598
賞与引当金の増減額（△は減少）	△5,637	長期前払費用の取得による支出	△8,305
役員賞与引当金の増減額（△は減少）	△109	敷金及び保証金の差入による支出	△1,997
危険費用引当金の増減額（△は減少）	△110	連結の範囲の変更を伴う子会社株式の取得による支出	△91,768
退職給付に係る負債の増減額（△は減少）	△3,859	その他	282
環境対策引当金の増減額（△は減少）	△90	投資活動によるキャッシュ・フロー	△202,823
事業撤退損失引当金の増減額（△は減少）	△3,086	財務活動によるキャッシュ・フロー	
受取利息及び受取配当金	△1,576	短期借入金及びコマーシャル・ペーパーの増減額（△は減少）	117,751
支払利息	2,292	長期借入れによる収入	43,624
その他負債の利息	1,266	長期借入金の返済による支出	△730
持分法による投資損益（△は益）	△330	社債の償還による支出	△10,000
売上債権の増減額（△は増加）	△9,209	リース債務の返済による支出	△8,278
たな卸資産の増減額（△は増加）	△31,217	自己株式の取得による支出	△22
仕入債務の増減額（△は減少）	10,190	自己株式の処分による収入	114
その他	6,408	配当金の支払額	△22,028
小計	128,914	非支配株主への配当金の支払額	△5,133
利息及び配当金の受取額	1,673	長期未払金の返済による支出	△1,618
利息の支払額	△2,021	その他	―
その他負債の利息の支払額	△1,266	財務活動によるキャッシュ・フロー	113,678
法人税等の支払額	△51,736	現金及び現金同等物に係る換算差額	△693
営業活動によるキャッシュ・フロー	75,562	現金及び現金同等物の増減額（△は減少）	△14,276
		連結除外に伴う現金及び現金同等物の減少額	△24
		現金及び現金同等物の期首残高	111,767
		現金及び現金同等物の期末残高	97,466

　貸借対照表の流動資産項目の現金及び預金には、110,342百万円が計上されています。
　これについて、注記を確認すると、以下のような記載があります。

図表3-8　注記事項

(8)　連結キャッシュ・フロー計算書における資金の範囲
　　連結キャッシュ・フロー計算書における資金（現金及び現金同等物）は、手許現金、随時引き出し可能な預金及び容易に換金可能であり、かつ、価値の変動について僅少なリスクしか負わない取得日から3カ月以内に償還期限の到来する短期投資です。

　このように、キャッシュフロー計算書における現金及び現金等価物の期末残高97,466百万円は、貸借対照表の流動資産項目の現金及び預金勘定に計上されている110,342百万円のうち、預金期間が3か月を超える定期預金が除かれているため、両者が完全に一致するわけではありません。
　しかし、注記に記載されている事項や表を参照することによって、貸借対照表とキャッシュフロー計算書のつながりを確認することができます。

For your reference　注記とは？
　注記とは、財務諸表本体の記載内容に関連する重要事項を、財務諸表本体とは別の個所に、言葉や数値を用いて記載したものである。
　重要な情報をすべて財務諸表に記載するとなると、項目があまりに詳細すぎて、かえってわかりにくくなってしまう。このため、注記を活用することにより、財務諸表本体については、簡潔に表示することができるようになる。また、重要な情報については、注記において詳細な説明がされることになるから、会計情報のより明瞭に表示することとなっている。

④ 損益計算書（P/L）とキャッシュフロー 計算書（C/F）のつながり

最後に、損益計算書（P/L）と、キャッシュフロー計算書（C/F）は、どのようにつながっているのでしょうか。

キャッシュフロー計算書（営業活動のキャッシュフロー）は、通常、損益計算書の当期純利益を起点として、現金収支との調整を行うことにより作成します。すなわち、損益計算書とキャッシュフロー計算書は、当期純利益を媒介することにより、つながっていることとなります。

では、なぜキャッシュフロー計算書では、損益計算書で計算された当期純利益を調整して作成する必要があるのでしょうか。このような調整が必要なのは、以下のような理由からです。

(1) 収益と収入の関係

まず、損益計算書の収益と収入についてです。

収益に計上されているもののうち、ほとんどは現金が増加しているはずです。したがって、このような項目がすべてであれば、損益計算書（P/L）とキャッシュフロー計算書（C/F）は完全に一致することとなります。

しかし、現行の発生主義会計の下では、収益として認識されているものの、現金収入がない、つまり現金が増加していない場合があります。これが、損益計算書（P/L）とキャッシュフロー計算書（C/F）の違いとして現れることとなります。

(2) 費用と支出の関係

反対に、ほとんどの費用は、現金が減少しているはずです。したがって、このような項目がすべてであれば、損益計算書（P/L）とキャッシュフロー計算書（C/F）は一致することとなります。

しかし、費用として計上されているものの、現金支出がされていない場合があります。これが、損益計算書（P/L）とキャッシュフロー計算書（C/F）の違いとして現れるということになります。

このような調整の詳細については、章を変えて、第 6 章で説明します。

ポイント　損益計算書（P/L）とキャッシュフロー計算書（C/F）のつがなり
当期純利益を媒介としてつながっている。
　⇒　では、両者の違いはどこで生じるのか？

・　収益と現金収入は一致することが多い
　→　一致しない場合にはP/LとC/Fに違いが生じる
・　費用と現金支出は一致することが多い
　→　一致しない場合にはP/LとC/Fに違いが生じる

財務諸表で確認してみよう

これを実際の財務諸表で確認してみましょう。

もう一度、2019年12月期の株式会社資生堂の貸借対照表と損益計算書を確認してみます。

連結損益計算書において、税金等調整前当期純利益は、107,378百万円が計上されています。この金額が、連結キャッシュフロー計算書の冒頭の税金等調整前当期純利益として、107,378百万円が計上されていることがわかります。この当期純利益を起点として、収益と収入、費用と支出の違いを調整することにより、営業活動によるキャッシュフローが計算されています。

以上のように、財務三表はつながっているのです。このようなつながりを意識することが、会計を理解するための第一歩です。

図表3-9　資生堂の連結損益計算書（2019年12月期）〔再掲〕

（単位：百万円）

売上高	1,131,547
売上原価	254,844
売上総利益	876,703
販売費及び一般管理費	762,871
営業利益	113,831
営業外収益	
受取利息	1,243
受取配当金	333
持分法による投資利益	330
受取家賃	625
補助金収入	1,056
その他	2,086
営業外収益合計	5,674
営業外費用	
支払利息	2,292
為替差損	5,375
その他負債の利息	1,266
その他	1,831
営業外費用合計	10,766
経常利益	108,739
特別利益	
固定資産売却益	654
投資有価証券売却益	3,449
事業譲渡益	—
特別利益合計	4,103
特別損失	
固定資産処分損	1,683
投資有価証券売却損	165
投資有価証券評価損	27
事業構造改善費用	1,637
構造改革費用	1,483
関係会社整理損	466
事業撤退損	—
特別損失合計	5,465
税金等調整前当期純利益	107,378
法人税、住民税及び事業税	22,538
過年度法人税等	4,504
法人税等調整額	3,033
法人税等合計	30,076
当期純利益	77,301
非支配株主に帰属する当期純利益	3,739
親会社株主に帰属する当期純利益	73,562

図表3-10　資生堂の連結キャッシュフロー計算書（2019年12月期）〔再掲〕

（単位：百万円）

営業活動によるキャッシュ・フロー		投資活動によるキャッシュ・フロー	
税金等調整前当期純利益	107,378	定期預金の預入による支出	△9,833
減価償却費	55,732	定期預金の払戻による収入	10,781
のれん償却額	2,678	投資有価証券の取得による支出	△462
固定資産処分損益（△は益）	1,028	投資有価証券の売却による収入	10,181
投資有価証券売却損益（△は益）	△3,283	事業譲渡による収入	—
事業譲渡益	—	事業譲受による支出	△1,090
貸倒引当金の増減額（△は減少）	770	有形固定資産の取得による支出	△92,202
返品調整引当金の増減額（△は減少）	△5,626	有形及び無形固定資産の売却による収入	1,190
返金負債の増減額（△は減少）	5,306	無形固定資産の取得による支出	△19,598
賞与引当金の増減額（△は減少）	△5,637	長期前払費用の取得による支出	△8,305
役員賞与引当金の増減額（△は減少）	△109	敷金及び保証金の差入による支出	△1,997
危険費用引当金の増減額（△は減少）	△110	連結の範囲の変更を伴う子会社株式の取得による支出	△91,768
退職給付に係る負債の増減額（△は減少）	△3,859	その他	282
環境対策引当金の増減額（△は減少）	△90	投資活動によるキャッシュ・フロー	△202,823
事業撤退損失引当金の増減額（△は減少）	△3,086	財務活動によるキャッシュ・フロー	
受取利息及び受取配当金	△1,576	短期借入金及びコマーシャル・ペーパーの増減額（△は減少）	117,751
支払利息	2,292	長期借入れによる収入	43,624
その他負債の利息	1,266	長期借入金の返済による支出	△730
持分法による投資損益（△は益）	△330	社債の償還による支出	△10,000
売上債権の増減額（△は増加）	△9,209	リース債務の返済による支出	△8,278
たな卸資産の増減額（△は増加）	△31,217	自己株式の取得による支出	△22
仕入債務の増減額（△は減少）	10,190	自己株式の処分による収入	114
その他	6,408	配当金の支払額	△22,028
小計	128,914	非支配株主への配当金の支払額	△5,133
利息及び配当金の受取額	1,673	長期未払金の返済による支出	△1,618
利息の支払額	△2,021	その他	—
その他負債の利息の支払額	△1,266	財務活動によるキャッシュ・フロー	113,678
法人税等の支払額	△51,736	現金及び現金同等物に係る換算差額	△693
営業活動によるキャッシュ・フロー	75,562	現金及び現金同等物の増減額（△は減少）	△14,276
		連結除外に伴う現金及び現金同等物の減少額	△24
		現金及び現金同等物の期首残高	111,767
		現金及び現金同等物の期末残高	97,466

この章のまとめ

　財務三表のつながり

●貸借対照表（B/S）と損益計算書（P/L）のつながり

　損益計算書の「当期純利益」

　　　→貸借対照表の純資産の中の「利益剰余金」に計上

●キャッシュフロー計算書（C/F）と貸借対照表（B/S）のつながり

　貸借対照表の流動資産項目「現金及び預金」

　　　→キャッシュフロー計算書「現金及び現金等価物の期末残高」と一致

●損益計算書（P/L）とキャッシュフロー計算書（C/F）のつながり

　★営業活動によるキャッシュフロー：

　　損益計算書の税金等調整前当期純利益は一致

　　→収益と収入、費用と支出の違いを調整

第**4**章

貸借対照表

この章で学ぶこと
・　貸借対照表の構成
　　　資　産　　流動資産・固定資産・繰延資産
　　　負　債　　流動負債・固定負債
　　　純資産　　株主資本、評価・換算差額（その他の包括利益累計
　　　　　　　　額）・新株予約権

1　貸借対照表の全体像

　第2章で説明したとおり、貸借対照表（B/S）とは、決算期末の「資産」（運用状態）、「負債」と「純資産」（調達源泉）を表したものでした。

　これを図示すると、図表4-1のとおりです。

図表4-1　貸借対照表（B/S）の構成

資　産

　資産は、調達した資金を、どのように運用しているかを示しています。

　貸借対照表において、資産の部は、**流動資産、固定資産及び繰延資産**に分類して表示されます。資産項目は、いずれも、将来の収益獲得のために利用される経済的資源であるという点で共通しています。

負　債

　これに対し、負債は、他人資本による資金調達を示しています。負債は、**流動負債**と**固定負債**に分類して表示されます。これらは、いずれも会社が負担している経済的資源に関する履行義務を表しています。

純資産

　資産と負債の差額は、貸借対照表上、純資産として表示されます。これは、自己資本による資金調達を示しています。

　株式会社の純資産は、出資者である株主に帰属する①株主資本と、その他の構成要素である②評価・換算差額等や③新株予約権に分類されます。

② 流動・固定の分類方法は？

　資産・負債・純資産の詳細な説明をする前に、流動資産と固定資産、流動負債と固定負債はどのように分類されるのか、すなわち「流動と固定の分類方法」について説明しておきましょう。

　前述のとおり、資産・負債は、流動項目と固定項目に分類することができます。

図表4‐2　貸借対照表──流動資産と固定資産、流動負債と固定負債

Accounting Matters　繰延資産とは

　貸借対照表には、流動資産・固定資産に次ぐ第3の資産項目として、繰延資産が計上されていることがある。

　繰延資産とは、すでに代価の支払いが完了するか、支払義務が確定し、それに対応する役務の提供を受けたにもかかわらず、その効果が将来にわたって発現するものと期待されるため、その支出額を効果が及ぶ将来期間に合理的に費用として配分する目的で、経過的に貸借対照表に計上される項目をいう（企業会計原則第三・一・D、注解15）。

　繰延資産は、効果が将来に及ぶため、（費用収益）対応原則に基づいて、過去の支出額を将来の収益に対応させて適切な期間損益を算定するために計上される項目である。

　すなわち、将来の収益に対応させるという側面から見れば、有形固定資産等とも同様である。しかし、有形固定資産は、転売が可能であり、換金価値を有するのに対し、繰延資産は換金価値がないという点で異なっている。

　この流動項目と固定項目は、どのように分類されるのでしょうか。

　流動か固定かは、**営業循環基準**（operating cycle basis）と、**1年基準**（one year rule）を、併用して適用することにより、分類されることとなっています。

(1)　営業循環基準

　まず、**営業循環基準**とは、正常な営業循環の過程にある項目は、すべて流動項目、すなわち流動資産ないし流動負債として分類するという方法です。

　企業活動は、**図表4-3**のようにまず原材料を仕入れて製品を生産し、それを販売して代金を回収するという**営業循環**を繰り返して成り立っています。このような正常な営業循環の過程にある項目については、流動項目として分類するのです。これが、営業循環基準といわれるものです。

図表4-3　営業循環

仕入	→	生産	→	販売	→	代金回収

　一般的には、たとえば、売掛金・受取手形などの売上債権、棚卸資産などは、流動資産として分類されます。また、買掛金、支払手形、前受金などは、流動負債として分類されることとなります。この営業循環は、1年以内であることが通常です。

　ただし、たとえば、不動産デベロッパーと呼ばれるビジネスを考えてみましょう。このようなビジネスの営業循環は、①開発を企画して、土地を購入し（仕入）、②マンションなどの建物を建設し（生産）、③販売活動を行い（販売）、④購入者から実際に代金を回収する（代金回収）というサイクルで行われることが通常でしょう。このサイクルは、長期にわたることが一般的であり、1年を超えることも珍しくありません。

　土地や建物は、通常は、長期にわたって使用されるものであり、固定資産として分類されます。しかし、このような不動産でデベロッパーといったビジネスにおいては、土地や建物等は営業循環において使用されるものであり、たとえ、営業循環が1年を超えるものであったとしても、正常な営業循環である限り、貸借対照表において、流動資産に分類されることとなります。

⑵　1年基準

　上述の営業循環の過程に含まれない項目については、**1年基準**を適用して、流動・固定項目を分類します。1年基準とは、決算日の翌日から起算して1年以内に履行期が到来する債権・債務、1年以内に費用ないし収益となる項目については、流動項目とし、1年を超えるものを固定項目とするという基準です。

　このため、預金・貸付金・借入金などの債権・債務は、その履行期限が1年を超えるか否かにより、流動項目か固定項目に分類されることとなります。これに対して、土地、建物、機械装置等については、前述のとおり、通常長期にわたって使用することが予定されており、1年以内に売却などが予定されていないため、固定資産に分類されます。

> ポイント　流動・固定分類
> 　　　　営業循環基準と1年基準により分類
> 　　　　→　流動資産と固定資産
> 　　　　　　流動負債と固定負債

以下では、資産・負債・純資産の順に、もう少し具体的に説明しましょう。

③　資産・負債・純資産の具体的な内容

(1)　資産項目

貸借対照表において左側に表示される資産は、将来の収益獲得のために利用される経済的資源です。資産は、前述のとおり、①流動資産、②固定資産、③繰延資産に分類されて表示されます。

ア　流動資産

> 流動資産と固定資産の分類　⇒　現金化が1年以内か否か

流動資産は、営業循環基準又は1年基準の適用により、正常な営業循環過程にあるか、1年以内に期限が到来する資産でした。

資産は将来の収益獲得のために利用される経済的資源ですから、原則として、最終的には**現金化**されることとなります。

通常のビジネスにおいては、正常な営業循環は、前述のような不動産デベロッパーといった特殊なビジネスを除けば、1年を超えるということは稀でしょう。すなわち、流動資産に計上されている項目は、一部例外を除き、ほぼ1年以内に現金化されることが見込まれるものです。

これに対して、固定資産は、1年以内に現金化することが見込まれないものということになります。

ポイント 流動資産と固定資産の分類基準
キーワードは「現金化」
→ 1年以内か1年超か

図表4-4 流動資産と固定資産

具体的な項目としては、流動資産には、現金預金、有価証券、売上債権（売掛金・受取手形）、棚卸資産、短期貸付金、未収入金などがあります。

流動資産とリスク

それでは、「現金化」という観点から見た場合、流動資産はすべて同一にとらえてよいでしょうか。

前述のとおり、流動資産は、1年以内に現金化されるということでしたが、現金化・換金性のリスクを考慮した場合、流動資産項目は大きく2パターンに分かれます。

現金化にリスクがない項目

現金預金や有価証券というのは、換金すなわち現金化することが容易です。

現金はそもそも現金ですから、換金ということについてリスクはありません。預金も、特殊な場合を除き、通常はすぐに引き出すことができますから、現金化することは容易です。有価証券についても、市場性のある有価証券は、

市場においてすぐに売却することができますので、現金化は容易です。

　すなわち、現金預金や市場性のある有価証券などは、現金化についてほとんどリスクがないと考えることができます。

> 現金化に一定のリスクがある項目

　もう 1 つは、現金化に一定のリスクが存在する流動資産です。

　売掛金や受取手形といわれる売上債権は、取引先の信用状態により、弁済期に支払ってもらえない、「半分だけお支払いしますので、その半分は何とか待っていただけませんか」といったことが生じる危険性があります。これは、売上債権の現金化について、すなわち相手方からの回収において、相手方の信用状態により、リスクがあるということです。

　このように売上債権は、相手方の信用状態により回収できない、すなわち債権は有するけれども、最終的には現金化されないというリスクがあるということになります。これを、**貸倒れリスク**、又は、**信用リスク**といいます。

　他にも、棚卸資産についても、現金化について一定のリスクがあります。

　たとえば、スーパーなどの小売業では、商品自体が陳腐化したり、季節はずれとなることにより最終的には売却できず、結局は在庫のまま売却できないというリスクがあります。アパレルなどの業種では、流行により、仕入・製造した商品がまったく売れず、在庫のまま廃棄せざるを得ない場合があることはご存知でしょう。このようなリスクを、**在庫リスク**といいます。

　以上のように、流動資産の中にも、「現金化」という観点で分類した場合、換金が容易なグループと、換金に一定のリスクがあるグループとに分けることができます。

図表4-5 流動資産の分類 現金化の容易性

Accounting Matters 貸倒引当金とは

　売上債権については、取引先の信用リスクに備えて、貸倒引当金を計上することが通常である。

　貸倒引当金とは、過去の実績等に基づいた、貸倒れの見積もり額である。財務諸表において表示されている売上債権の残高から、対応する貸倒引当金を控除することにより、その時点の見積もりとして、最終的に現金で回収されるだろう、すなわち現金化の可能性の高い売上債権残高を計算することができる。

For your reference 現金化の例外──現金化される資産と費用化される資産

　資産は、将来の収益獲得のために利用される経済的資源であり、原則として、現金化されることとなると説明した。しかし、厳密には、資産には、将来「現金化」されるものと、「費用化」が予定されるものとがある。このような費用化がされるものの例としては、前払費用がある。

　前払費用とは、以下のようなものである。たとえば事務所の賃料などについて、一般的には、翌月の賃料を、月末までに前払いすることが多い。翌月分の賃料であるから、期間対応を考えると費用計上されるのは、あくまで翌月となってからである。このため、この既支払い分を、前払費用として資産計上するのである。このような前払費用は、翌月には、賃料として費用処理されることとなる。

　このように、前払費用は、今後現金化されるわけではない。費用に振り替えられるまでの間に、経過的に資産として処理されているのである。このように、資産には、現金化が予定されているのではなく、すでになされた支出が将来の費用として振り替えられるような資産も存在する。

イ　固定資産

　固定資産は、原則として、1年以内に現金化することが見込まれないものでした。このような固定資産は、その目的に沿って大別すると、①企業が経済活動を遂行するために、1年を超える長期にわたって利用する事業用資産、②現金化されるまでの期間が決算日から1年を超える金融資産、に整理することができます。

　貸借対照表においては、固定資産は、その形状などから、次の3つに分類して、表示されます（財務諸表規則14条等）。

図表4-6　貸借対照表における固定資産

| ① 有形固定資産 |
| ② 無形固定資産 |
| ③ 投資その他の資産 |

　固定資産の１つ目は、①物理的な形態を有する「有形固定資産」です。たとえば、土地、建物、機械装置などが挙げられます。

　２つ目は、②物理的な形態を有さない法律上の権利を中心とする「無形固定資産」です。たとえば、特許権のような法律上の権利やコンピュータのソフトウェア製作費、企業買収に伴って計上されるのれん（営業権）などが挙げられます。

　３つ目は、③長期の金融資産への資金投下を中心とした「投資その他の資産」です。たとえば、株式公社債のうち、売買目的の有価証券と１年以内に満期が到来する債権を除いた長期保有のもの、預金・貸付金のうち、決算日から１年を超えて満期又は返済期限が到来するもの、破産債権・更生債権で決算日から１年以内に回収されないもの、長期前払費用などが挙げられます。

For your reference　資産の評価

　資産は、原則として、取得原価を基礎として行われる（会社計算規則５条１項）。これを、取得原価主義という。

　資産の時価は、さまざまな評価方法が存在するほか、変動する可能性もあり、必ずしも客観的に検証することが容易であるわけではない。しかし、取得原価は、取得した際の客観的な証拠があるから、取得原価主義は、証拠の裏付けによる検証可能性、明確性といった特徴がある。そのほか、一般的には、資産の時価が上昇しても、評価益を計上せず、資産の評価額は取得原価のままに据え置かれることとなる。このため、取得原価主義は、経営者が担う受託責任の説明や、株主に対する分配額の算定という会計の機能を果たすために適したものとして、資産の評価について伝統的にとられてきた方法である。なお、財務諸表には計上されない評価益を、含み益という。

　しかし、現行の会計基準上も、資産の評価は、常に取得原価のままに据え置かれるわけではない。資産の時価が、取得原価から著しく下落した場合等には、保守主義の観点から、評価の切下げが強制される（計算書類規則５条３項）。

　また、①時価が取得原価より低い資産、②子会社・関連会社株式ならびに満期保有目的債券以外の市場価格のある資産、③その他時価又は適正な価格を付することが適当な資産、については、時価又は適正な価格で評価することができる、とされている（計算書類規則５条６項）。

財務諸表で確認してみよう

　今まで述べたことを、実際の財務諸表で確認してみましょう。資生堂の2019年12月期の連結貸借対照表を再掲します（図表4-7）。

　連結貸借対照表によれば、資産合計は1兆2,187億円、このうち、流動資産として5,326億円、固定資産として6,861億円が計上されています。

流動資産

　流動資産の大きい項目として、現金及び預金1,103億円、受取手形及び売掛金1,729億円、棚卸資産1,811億円が計上されています。

　貸倒引当金として27億円が計上されていますが、これは受取手形及び売掛金1,729億円に対応するものです。約1.5％の貸倒れを見込んでいることになります。

固定資産

　固定資産は、有形固定資産が合計3,147億円、無形固定資産が2,492億円、投資その他の資産として、1,222億円が計上されています。

図表4-7　資生堂の連結貸借対照表
（2019年12月期）（一部再掲）

（単位：百万円）

資産の部	
流動資産	
現金及び預金	110,342
受取手形及び売掛金	172,905
たな卸資産	181,104
その他	71,012
貸倒引当金	△2,741
流動資産合計	532,623
固定資産	
有形固定資産	
建物及び構築物	223,611
減価償却累計額	△101,735
建物及び構築物（純額）	121,875
機械装置及び運搬具	104,566
減価償却累計額	△60,284
機械装置及び運搬具（純額）	44,281
工具、器具及び備品	94,939
減価償却累計額	△53,840
工具、器具及び備品（純額）	41,099
土地	45,040
リース資産	9,643
減価償却累計額	△4,394
リース資産（純額）	5,248
使用権資産	26,395
減価償却累計額	△6,702
使用権資産（純額）	19,693
建設仮勘定	37,518
有形固定資産合計	314,757
無形固定資産	
のれん	64,499
リース資産	536
商標権	135,209
その他	48,963
無形固定資産合計	249,209
投資その他の資産	
投資有価証券	13,915
長期前払費用	16,690
繰延税金資産	55,313
その他	36,317
貸倒引当金	△31
投資その他の資産合計	122,205
固定資産合計	686,172
資産合計	1,218,795

有形固定資産

有形固定資産は3段で表示されています。

たとえば、建物及び構築物は、取得原価の総額が2,236億円、減価償却累計額1,017億円を差し引いて、純額1,218億円と表示されています。

減価償却累計額とは、取得時から計上している減価償却費の累計額であり、当該資産の利用による減価分の合計金額を示しています。

無形固定資産

無形固定資産として、商標権が1,352億円、のれんが644億円計上されています。

商標権とは、文字や図形等から構成される商品のトレードマークをいいます。商標を使用する者の業務上の信用を維持し、需要者の利益を保護するため、商標法に基づいて設定されるものです。

特許庁に商標登録出願をし、審査を経て登録査定となった後、登録料を納付すると、商標登録原簿に設定の登録がなされ、商標権が発生します。いわゆるブランド力の源泉です。化粧品ビジネスの特徴として、このようなブランド力を財産的価値として多額が資産計上されています。

これに対して、のれんは、このような登録がなされるものではなく、企業買収の結果、発生したものです。

投資その他の資産

投資その他の資産としては、投資有価証券が1,391億円、長期前払費用が1,669億円、繰延税金資産が5,531億円計上されています。

─●│Column│のれんとは ●●●●●●●●●●●●●●●●●●●●●●●●●●●●●●●●●●●●

のれんとは、企業買収にあたり、受け入れた純財産額を超える金額を支払った場合に、その超過額のことをいう。

この超過額は、買収した企業を、受け入れた純財産額以上に評価したことによ

り発生したものである。このような超過額が発生するのは、買収企業の収益性が高いことを評価した結果であり、高収益企業を獲得することに要した額として、資産の部に計上される。営業権とも呼ばれる。

　なお、のれんは、他企業を買収した場合など、有償で取得した場合にのみ計上することができる。仮に自社の収益性が高く、何らかの価値が見いだされるものであっても、それを客観的に算定することは困難であるので、自社ののれんを資産計上することはできないこととなっている。

Accounting Matters 繰延税金資産──税効果会計とは？

　繰延税金資産は、税効果会計の適用により発生するものである。

　財務会計のルールにより認識される、損益計算書上の収益や費用は、税務会計のルールにより認識される、課税所得を計算するための益金や損金とは異なる。このため、損益計算書で計算される税金等調整前当期純利益と、課税所得を計算し、そこから算定される税金費用は、必ずしも対応関係がないことになる。

　税効果会計とは、このような企業会計と税務会計の違いを調整し、税金費用を適切に期間配分する手続をいう。

　企業会計のルールと税務会計のルールで不一致となるものには、大別すると、２通りがありうる。すなわち、税務会計のルールにより、将来期間の課税所得を①増加させるもの、②減少させるものである。このように将来の課税所得を①増加させるものを「将来加算一時差異」、②減少させるものを「将来減算一時差異」という。

　繰延税金資産は、この「将来減算一時差異」に対応して計上されるものである。すなわち、将来の会計期間に帰属すべき損金を、当期に費用計上したことから、税金を前払いしたものと考え、税務会計のルール上損金計上が認められる期間には、この前払分が返還されることとなるため、これを繰延税金資産として資産計上するのである。

　たとえば、会社によっては、税法が認めた耐用年数よりも短い期間を耐用年数として設定し、企業会計上、税務会計のルールで許容される減価償却費を超えて、計上している場合がある。具体的には、技術革新が激しく、モデルチェンジなどが頻繁に生じるような業界の場合、財務の健全性の観点から、資産を早期に減価償却するのである。このように、税務上は認められないが、会計上は減価償却を行う場合を、「有税償却」という。

この有税償却部分に対応する税金は、計上が認められる期まで前払いしていることとなる。いずれ年数が経過して、先に償却した部分が税務ルールにおいて認められることとなれば、税務ルールにおいて損金に算入することができる。このため、将来の税金の支払いが少なくなり、前払分を取り戻すことができる。このように、有税償却した部分を、税金の前払いと考えて、資産計上するのである。このように計上された資産を、繰延税金資産という。

⑵　負債項目

貸借対照表において計上されている負債は、原則として、資金調達の結果、会社が負担している経済的資源に関する履行義務です。

負債は、貸借対照表において、①流動負債、②固定負債に分類されます。

> 流動負債と固定負債　⇒　履行期限

先述のとおり、流動負債は、正常な営業循環過程にあるか、1年以内に期限が到来するものでした。負債は、会社が負担している経済資源の履行義務ですから、流動負債に計上されている項目は、原則として、1年以内に履行期限が到来する履行義務ということになります。

これに対して、固定負債は、1年以内に履行期限が到来しない履行義務です。すなわち、流動負債と固定負債を分類するキーワードは、「履行期限」です。

1年以内に履行期限が到来するものは流動負債に、履行期限が1年を超えるものは固定負債に、分類されることとなります。

> ポイント　流動負債と固定負債の分類
> 　　　キーワードは履行期限
> 　　　→　1年以内か1年超か

図表4-8　流動負債と固定負債

| 流動負債 | 履行期限が1年以内の債務 |
| 固定負債 | 履行期限が1年を超える債務 |

ア　流動負債

　流動負債の具体例としては、買掛金や支払手形といった仕入債務、短期借入金、前受金といった項目が挙げられます。

流動負債と債務の内容

　流動負債に計上されている項目は、相手方に対して何らかの債務を負っていることになります。では、債務の内容で整理した場合、それぞれどのような債務を負っているでしょうか。

現金が流出する債務

　流動負債に計上されているもののうち、仕入債務、すなわち支払手形、買掛金などは、商品などの仕入れを行った際に計上されるものです。これらの項目は、取引上の債務として、いずれ現金を支払わなければならないという債務を負っていることとなります。

　また、短期借入金も、その弁済期限に現金を支払うという債務を負っています。

　すなわち、ここで挙げた支払手形、買掛金、借入金などは、将来現金が流出するという債務を負っていることとなります。

商品・サービスの提供義務

これに対して、前受金と呼ばれる項目があります。前受金とは、商品やサービスの代価を、前もって受領した場合に、将来において商品等を引き渡す義務を表すものです。

すなわち、ここでいう債務は、現金を支払うという債務ではなく、将来に商品・サービスを提供するというものです。

この前受金について、1つ留意しなければならないことがあります。通常、前受金については、前述のとおり、将来において商品を引き渡すという債務を負っているのであり、この債務に伴う現金の流出はないはずです。しかし、将来、商品・サービスが提供できなかった場合には、いわゆる債務不履行として、これが、相手方の損害賠償請求権に転嫁することとなります。

したがって、将来商品・サービスが提供できなかった場合には、債務不履行となり、現金の流出が生じることも起こりうるのです。

図表4-9　流動負債の分類

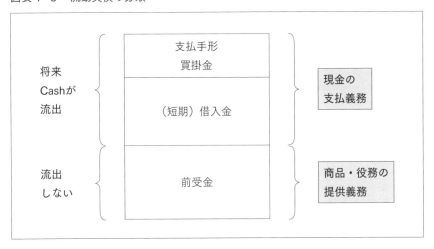

| Accounting Matters | 引当金とは？

　負債とは、前述のとおり、将来期間において企業の資産を減少させるような経済的負担を示している。

　このような経済的負担は、①確定債務と②条件付債務、に分類することができる。

　まず、①確定債務とは、履行期日、相手方、金額等が確定しているものである。たとえば、買掛金、支払手形、借入金、社債などが挙げられる。

　これに対して、②条件付債務とは、条件付きではあるものの、将来期間において企業の資産を減少させるような経済負担が発生することが、合理的に予想されるものである。これらの具体例として挙げられるのが、引当金と呼ばれるものである。引当金には、たとえば、貸倒引当金、退職給付引当金、製品保証引当金などがある。

■　引当金の計上

　では、どのような場合に引当金は計上されるのであろうか。

　引当金は、次の4要件を満たした場合に計上される。

図表4-10　引当金設定のための4要件

①	将来の特定の費用又は損失である（将来の資産減少）
②	発生が当期以前の事象に起因している（収益との対応関係）
③	発生の可能性が高い（発生確率が高い）
④	金額を合理的に見積もることができる（客観的な見積もり）

　このような要件を満たす場合には、たとえ確定債務ではなく、条件付債務であっても、引当金として、負債として計上することが認められることとなる。

　しかし、逆に、条件付債務と考えられるものであっても、上記の引当金の4要件を満たさない場合には、会計ルール上は、引当金として負債計上することは認められない。たとえば、将来の大災害に備えるために、災害損失引当金を計上したいと考えたとしても、このような引当金は、①将来の資産減少には当たりうるものの、②③④を満たさないことが通常であるため、引当金としての計上は認められないこととなる。

■ 引当金の種類と表示

　引当金は、大別すると、①債務性引当金と②評価性引当金に分類することができる。

　債務性引当金は、負債としての性質を持つ引当金である。たとえば、退職給付引当金や製品保証引当金などの条件付債務や、場合によっては債務とまでは認められないものの、前述の引当金の4要件を満たすため、計上が認められる修繕引当金などがある。これらは、負債の部に計上される。

　これに対して、評価性引当金とは、資産から控除されるという性質を持つ引当金であり、たとえば、貸倒引当金が具体例として挙げられる。貸倒引当金は、売掛金等から控除されることにより、債権の回収可能価額を評価していることとなる。このため、評価性引当金と呼ばれる。

Accounting Matters リース会計

　リース取引とは、ある特定の物件の所有者である貸手と、その物件の借手の間で締結された契約に基づいて行われる、当該物件（リース物件）の貸借の取引をいう。

　リース取引により、借手は、合意したリース期間にわたり、リース物件を使用収益する権利を取得する。また、合意したリース料を貸手に支払うという義務を負うこととなる。

■ ファイナンスリース取引とオペレーティングリース取引

　リース取引は、①ファイナンスリース取引と、②オペレーティングリース取引、に大別することができる。

　まず、①ファイナンスリース取引は、

１）解約不能（リース期間の中途で、契約上又は事実上契約を解除できない）

２）フルペイアウト（リース物件から生じる経済的利益と使用コストが実質的に借手に帰属している、すなわち、借手は、リース期間中に、貸手がリース契約に要した設備等の取得価額、資金コスト、固定資産税、保険料などの資金のほぼ全額をリース料として支払う）

という2つの要件を満たすものである。

　これらの条件を満たさないものは、②オペレーティングリース取引に分類されることとなる。

✧　ファイナンスリースの2分類

ファイナンスリースは、さらに①**所有権移転ファイナンスリース取引**と、②**所有権移転外ファイナンスリース取引**、に分類することができる。

①所有権移転ファイナンスリース取引は、リース契約が満了した際、その物件の所有権が、使用者に移る契約である。これは、経済的な実体としては、「資金を借りてリース物件を購入する」のと同様であると評価することができる。

これに対し、②所有権移転外ファイナンスリース取引は、リース契約終了後も、物件の所有権が移転しない契約である。契約終了後も、リース物件を使用するためには、再リース料や買取費用を別途支払うことが必要となる。

■　会計処理

✧　ファイナンスリースの会計処理

ファイナンスリース取引については、売買取引に係る方法に準じて会計処理を行うこととなる。法的には、リース契約に基づきリース物件を賃借し、リース料を支払うという契約であるが、その経済的な実質は、当該物件を購入した後に、代金をリース料として、長期に分割して支払っているのと同様であるからである。

したがって、リース物件は、リース資産として有形固定資産に表示されるとともに、将来のリース期間にわたって支払うべきリース料は、リース負債として表示されることとなる。

✧　オペレーティングリースの会計処理

オペレーティングリースの会計処理は、通常の賃貸借契約として会計処理が行われる。

Accounting Matters　減損会計

固定資産の収益性の低下により、固定資産に投資した際に見込んでいた回収額が減少し、投資額の回収が見込めないことがある。このように、固定資産に対する投資額の完全な回収が見込めなくなった状態を、減損という。

このような状況が生じた場合には、貸借対照表において、固定資産の回収可能価額の低下を反映させるため、固定資産の帳簿価額を減額し、差額を減損損失として処理することとなる。このような会計処理を、**減損会計**という。

　どのように減損を計上するかについては、「固定資産の減損に係る会計基準」が定められている。区分された資産グループごとに、減損の兆候の有無を検討し、必要ある場合には、当該資産から生み出される将来キャッシュフローの合計額を見積もり、その回収可能価額まで帳簿価額を減額し、差額を減損損失として、当該期の特別損失に計上することとなる。

　なお、この減損損失は、当期純利益に対しては、マイナスの影響を与えているが、現実的に現金の支出があったわけではない。したがって、キャッシュフロー計算書においては、営業キャッシュフローを算定するにあたり、加算する必要がある。

Accounting Matters　金融商品時価会計

　期末に保有している有価証券は、その保有目的に応じて、企業会計基準第10号「金融商品に関する会計基準」に準拠して、評価することになる。

　具体的には、以下のように分類して、評価することとなる。

■　売買目的有価証券

　企業が、余剰資金を運用して、売買差益を得る目的で保有する有価証券は、事業に影響を及ぼすことなく、いつでも市場において売却することができる。

　このため、このような売買目的有価証券は、時価を貸借対照表価額として計上する。その評価差額は、有価証券運用損益として、損益計算書における当期純利益の計算に含められる。すなわち、損益計算書において、収益ないし費用として計上されることとなる。

■　満期保有目的の債券

　満期まで保有する意図をもって所有する社債その他の債券は、仮に時価が変動したとしても、売却を意図するものではない。

　このため、このような満期保有目的の債券については、貸借対照表においては、原則として、原価で計上することとなる。

■　子会社・関連会社の株式

　子会社・関連会社の株式は、親会社が企業を支配する目的で保有されている。このため、通常は売却することはない。すなわち、実質的な性質は、事業用資産であるといえる。

　このため、子会社・関連会社の株式は、個別財務諸表上は、取得原価で評価されることとなる。

　なお、連結財務諸表上は、子会社については子会社純資産の実質価額が反映される。また、関連会社については、持分法により評価されることとなる。

■　その他の有価証券

　以上のいずれにも該当しない有価証券は、「その他の有価証券」と呼ばれる。具体的には、たとえば、相互に持ち合っている「持ち合い株式」などが該当する。

　その他の有価証券は、時価で評価されることとなる。とはいえ、これらの有価証券は現金化する際に制約があるため、現実的には、売却されることはほとんどない。このため、実際にその他の有価証券が売却されるまでは、これらの有価証券の時価変動の評価差損益を損益計算書に含めることはせず、貸借対照表の純資産の部の「評価・換算差額等」の項目として、「その他有価証券評価差額金」として、計上されることとなる（91ページ参照）。

イ　固定負債

　貸借対照表において計上される固定負債は、会社が負担する履行義務のうち、原則として、1年以内に履行期限が到来しないものです。

　固定負債としては、たとえば、社債、長期借入金、長期の負債性引当金等があります。

Accounting Matters　退職給付に係る負債

　退職給付に関する負債項目は、個別貸借対照表では、「退職給付引当金」という科目名で表示される。これに対し、連結貸借対照表では、「退職給付に係る負債」という科目名で表示されることとなる。

　連結貸借対照表においては、年金資産額が退職給付債務に満たない不足額が追加で計上される。このような不足額を、「退職給付に係る調整額」という。この調整額は、退職給付制度の支給水準の引き上げなどにより生じるものであり、将

来の年度にも分割して負担させるべき、未実現の損失である。このため、損益計
算書における当期純利益の計算には含められず、連結貸借対照表上の純資産の部
の「その他包括利益累計額」として計上される。

　将来年度において負担するべき金額のうち、その年度において実現したものに
ついては、損益計算書の当期純利益の計算に含められることとなる。このよう
に、包括利益計算から当期純利益の計算に組み替えることを、**リサイクリング**と
いう。

For your reference　偶発債務

　偶発債務とは、現時点では、現実の債務とはなっていないものの、将来におい
て一定の事象が生じた場合に、企業の負担となる可能性がある債務をいう。

　具体的には、たとえば、手形遡及義務、債務保証、係争事件に関する賠償義務
などを挙げることができる。

　このような債務が、前述の引当金の4要件を満たす場合には、引当金として計
上しなければならず、財務諸表に取り込まなければならない。

　これに対して、たとえば発生可能性が高くない場合など、引当金の4要件を満
たさない場合には、引当金として計上することはできない。このような場合に
は、偶発債務の内容を注記することとなる。

⑶　純資産

　貸借対照表上、資産と負債の差額は、純資産として表示されます。

　純資産は、純粋に株主から拠出された部分と、それ以外のものとに分かれて
おり内容は複雑になっていますが、ポイントは、純資産の部に計上されている
項目は、基本的には返済義務がないという点です。

　なお、個別貸借対照表における純資産と、連結貸借対照表における純資産で
は、表示内容が異なります。詳細は、以下にまとめています。

個別貸借対照表の純資産の部

　個別貸借対照表において、純資産は、企業会計基準第5号「貸借対照表の純資産の部の表示に関する会計基準」に従って、以下のように区分表示される。

図表4-11　（個別）貸借対照表の純資産の分類

①株主資本	払込資本	資本金	
		資本剰余金	資本準備金
			その他資本剰余金
	留保利益	利益剰余金	利益準備金
			その他利益剰余金
②評価・換算差額			
③新株予約権			

　すなわち、純資産は、①出資者である株主に帰属する株主資本と、その他の要素である、②評価・換算差額等や③新株予約権に分類することができる。
　これを、帰属主体により分類すると、以下のとおりである。

図表4-12　個別貸借対照表　純資産の分類（帰属主体）

純資産の区分	帰属主体
①株主資本	会社の既存株主
②評価・換算差額	会社の既存株主
③新株予約権	将来の株主

■　株主資本

　株主資本には、出資者の拠出額部分（払込資本）と、拠出部分の果実が出資者に分配されず、企業内に留保された、いわゆる内部留保と呼ばれる部分（留保利益）がある。

　出資者の拠出部分は、資本金・資本剰余金と呼ばれる。これに対して、企業内に留保された部分は、利益剰余金と呼ばれる。

　なお、会社が既に発行した株式を取得して保有した場合、この株式を自己株式という。自己株式の取得は、会社法上、資本充実の原則に反する等の理由により、原則として禁止されてきたが、現行会社法においては、株主総会決議を経て、分配可能限度額内であれば、取得することが可能となった（会社法156条、461条）。

　これらの自己株式は、第三者への売却のほか、合併や株式交換において交付、新株予約権の権利行使者への交付などに使用される。この自己株式は、貸借対照表において、株主資本の控除項目として表示される（会社計算規則24条１項、自己株式及び準備金の額の減少等に関する会計基準７、８）。

■　評価・換算差額等

　評価・換算差額等には、資産・負債を時価評価した場合に、その取得原価との差額が表示される。ここに計上されるものは未実現の損益であるから、実現した利益である留保利益とは区別して表示されることとなる。

　具体的には、その他有価証券評価差額金、繰延ヘッジ損益、土地再評価差額金などがある。

■　新株予約権

　新株予約権とは、株式会社に対して、権利者があらかじめ定められた権利行使期間に、権利を行使することにより、当該株式会社の株式の交付を受けることができる権利をいう（会社法２条21号）。新株予約権者は、あらかじめ定められた権利行使価額を会社に払い込むことにより、会社から一定数の株式の交付を受けることができる。

　新株予約権の払い込み価額は、新株予約権者により権利が行使されるか確定するまでの間は、会社の貸借対照表上、純資産の部に、新株予約権として表示される（会社計算規則55条）。

　権利行使者が権利行使を行えば、権利行使価額とあわせて、資本金及び資本準備金に振り替えられることとなる。

　権利行使者が権利行使せずに、権利行使期間が満了すると、その事業年度の利益として計上されることとなる。

> **Accounting Matters**　自己株式
>
> 　自己株式の取得を取得した場合には、自己株式は、払込資本の払戻しの性質を有しているため、取得価額をもって株主資本の控除項目として計上することとされている（自己株式及び準備金の額の減少等に関する会計基準7、8）。
>
> 　では、自己株式を処分等した場合には、どのように会計処理されるのだろうか。
>
> ### ■　自己株式の処分
>
> 　自己株式の処分する場合には、会社法において特別な処分方法を認めている場合を除き、株式の発行と同じ募集の手続を経てすることが必要である（会社法199条1項）。
>
> 　自己株式を処分した場合は、その帳簿価額を減少すべき自己株式の額とし（会社計算規則24条2項）、①処分差益は、その他資本剰余金に計上する。これに対し、②処分差損は、その他資本剰余金から減額し、減額しきれない場合は、その他利益剰余金（繰越利益剰余金）から減額することとなる（自己株式及び準備金の額の減少等に関する会計基準9、10）。
>
> ### ■　自己株式の消却
>
> 　自己株式の消却とは、自己株式を消滅させる会社の行為をいう（会社法178条1項）。
>
> 　自己株式を消却した場合には、消却手続が完了したときに、消却の対象となった自己株式の帳簿価額を、その他資本剰余金から減額することとなる（自己株式及び準備金の額の減少等に関する会計基準11）。

Advance　粉飾決算の兆候は？

　会社法は、個別貸借対照表における純資産の部をもとにして、分配可能利益を定めている。

　株主に対する配当をめぐる利害関係者を考えると、

> ①　株主は、できるだけ多くの出資のリターンが欲しい。しかし、会社の財務的な基盤が危うくなるほどの、財産の流出は望ましくない。
> ②　債権者としては、自らの債権を回収するためには、できるだけ株主に対する配当を少なくし、社外流出を抑え、会社の内部留保を厚くしてもらったほうがよい。

③　経営者は、株主からの経営責任の追及をおそれるあまり、無理な配当を行うこともある。逆に、十分な配当原資があるにもかかわらず、経営資源を確保するために、内部留保を優先し、株主に対する配当額を抑えることもある。

　このように、各利害関係者により、配当に関する利害状況は異なるが、会社法では、このような利害状況に関して、会社財産を株主に払い戻すことが可能な上限額を「分配可能額」として法定し、それを超える金額の分配を禁止している（会社法461条）。

　分配可能額は、以下のように、まず分配時点の剰余金の額を算定したうえ、そこから、調整を行って計算することとなる。

■　剰余金の算定

　会社法においては、最終事業年度の末日の剰余金から、決算日後に生じた所定の項目を加減算することにより、配当の効力発生日の剰余金としている（会社法446条）。

　会社法の規定する最終事業年度末日（決算日）における剰余金の額は、個別貸借対照表における、その他資本剰余金と、その他利益剰余金の合計額として計算される（会社法446条1項1号）。

　なお、最終事業年度末日以後の剰余金を計算する場合には、これに、最終事業年度末日以後の、①自己株式の処分差額・消却額、②資本金・準備金からの振替額、③配当による財産の流出額・準備金繰入額、④剰余金の資本金・準備金への繰入額、⑤組織再編による資本剰余金・利益剰余金の変動額、を加減することになる（会社法446条2号〜7号）。

■　分配可能額の計算

　分配可能額は、上記で計算された剰余金の額を出発点とし、そこから、のれんや、その他有価証券評価差損、土地再評価差損などを加減して計算される（会社法461条2項）。

　なお、最終事業年度末日後に、臨時計算書類を作成した場合や自己株式の処分を行った場合などには、①臨時計算書類を作った場合には、臨時決算日までの利益と自己株式の処分対価を加える（会社法461条2項2号、5号）、②自己株式を処分した場合には、当該自己株式の対価の額を減じる（会社法461条2項4号）、ことになる。

For your reference 連結貸借対照表の純資産の部

　連結財務諸表においては、純資産の部は、以下のように分類されている。

図表4-13　（連結）貸借対照表の純資産の分類

①株主資本	払込資本	資本金
		資本剰余金
	留保利益	利益剰余金
②その他包括利益累計価額		
③新株予約権		
④非支配株主持分		

　個別財務諸表の純資産の部に「評価・換算差額」として表示されている項目は、連結貸借対照表においては、「その他包括利益累計額」として表示される。
　純資産の部に掲載されている項目は、前述のとおり、すべて返済不要な資金額を表示しているが、これが誰に帰属しているのか、という観点から整理すると、以下のように分類することができる。

図表4-14　連結貸借対照表　純資産の分類（帰属主体）

純資産の区分	帰属主体
株主資本	親会社の既存株主
その他の包括利益累計額	親会社の既存株主
新株予約権	将来の株主
非支配株主持分	子会社の非支配株主

　親会社による子会社株式の所有割合が100％に満たない場合には、子会社には親会社以外の非支配株主が存在する。この非支配株主に帰属する部分は、連結貸借対照表上の純資産の部において、「非支配株主持分」として表示される。

図表4-15　資生堂の連結貸借対照表（2019年12月期）（一部再掲）

（単位：百万円）

負債の部	
流動負債	
支払手形及び買掛金	31,336
電子記録債務	65,601
短期借入金	120,496
１年内返済予定の長期借入金	730
１年内償還予定の社債	15,000
リース債務	8,722
未払金	89,124
未払法人税等	11,951
返品調整引当金	5,333
返金負債	9,899
賞与引当金	25,132
役員賞与引当金	101
危険費用引当金	341
事業撤退損失引当金	117
その他	80,383
流動負債合計	464,273
固定負債	
社債	15,000
長期借入金	70,791
リース債務	17,368
長期未払金	49,153
退職給付に係る負債	69,804
債務保証損失引当金	350
環境対策引当金	54
繰延税金負債	2,712
その他	11,430
固定負債合計	236,665
負債合計	700,938
純資産の部	
株主資本	
資本金	64,506
資本剰余金	70,741
利益剰余金	371,435
自己株式	△2,591
株主資本合計	504,092
その他の包括利益累計額	
その他有価証券評価差額金	3,106
為替換算調整勘定	10,839
退職給付に係る調整累計額	△21,600
その他の包括利益累計額合計	△7,654
新株予約権	1,263
非支配株主持分	20,156
純資産合計	517,857
負債純資産合計	1,218,795

財務諸表で確認してみよう

今まで述べたことを、実際の財務諸表で確認してみましょう。株式会社資生堂の2019年12月期の連結貸借対照表を再掲します。

資生堂の連結貸借対照表によれば、負債・純資産合計は１兆2,187億円、このうち負債合計は、7,009億円、純資産合計は、5,178億円となっています。

負債

流動負債として4,642億円、固定負債として2,366億円が計上されています。

流動負債

流動負債には、支払手形・買掛金、短期借入金など、１年以内に返済期限が到来する債務が計上されています。

長期借入金も、そのうち１年以内に返済期限が到来するもの、社債についても、１年以内に償還期限が到来するものについては、それぞれ「１年内返済予定の長期借入金」、「１年以内償還予定の社債」として計上されています。

流動負債には、いくつか引当金が計上されています。

賞与引当金251億円は、賞与の支払いに備えた債務性引当金です。また、返品調整引当金53億円は、将来の返品に備えた債務性引当金です。このような返品調整引当金が計上されているのは、商品サイクルが早く、返品が発生することが多い、化粧品ビジネスの特徴といえるでしょう。

固定負債

固定負債においては、社債、長期借入金、長期未払金などが大きな項目です。リース会計基準に基づき、リース債務として173億円が計上されています。

また、将来の従業員の退職に備え、退職給付に係る負債として698億円が計上されています。

純資産

株主資本の合計として5,040億円、その他包括利益の累計として▲76億円、新株予約権として12億円、非支配株主持分として201億円であり、純資産の合計は5,178億円となっています。

Column｜清算貸借対照表の作成

清算貸借対照表とは、会社が清算されることを前提にして、資産を査定して作成される貸借対照表である。今まで述べてきた財務会計のルールでは、会社は存続することを前提としていたが、清算貸借対照表においては、会社が清算される場合にどの程度の換金価値があるかという観点から作成されるものである。

会社が、清算型の法的手続である破産手続を開始した場合には、清算貸借対照表が作成されることとなる。また、民事再生法や私的整理の場合にも、再建計画が、清算価値保障原則をみたすことを示すために、清算貸借対照表が作成される。ここで、清算価値保障原則とは、再生型の手続において、再生計画等に基づいて債権者に弁済する金額は、清算する場合における弁済金額を下回ってはならないとする原則である。

■　清算貸借対照表の作成方法

では、清算貸借対照表はどのようにして作成されるだろうか。

　清算貸借対照表を作成するためには、資産をどのように評価するかがポイントとなる。以下では、清算貸借対照表を作成する場合の、資産評価のポイントついて説明したい。

　通常、資産の部には、換金性の高い資産と換金性の低い資産、あるいは、回収の見込みがない不良性資産が混在している。このため、換金性が高いか低いかに応じて、資産評価することとなる。

■　勘定ごとの一般的な評価方法

① 　現金・預金は100%評価する。ただし、金融機関から借入金がある場合には、預金残高は相殺処理されることとなるため、ゼロ評価とする必要がある。

② 　受取手形・売掛金は、回収可能性に応じて判断することとなる。相手方の信用状態のみならず、清算手続に入った場合には、回収ができないこともありうるので、回収見込み額としては、一定の減額をする必要があるだろう。

③ 　有価証券は売却可能価額で評価する。

④ 　棚卸資産は、売却可能価額で評価する。しかし、廃棄する必要がある場合には、むしろ廃棄コストが発生する可能性もあるので、そのコストも考慮して、マイナス評価が必要となる場合もある。

⑤ 　仮払金、前払費用は、通常、回収可能性はなく、ゼロ評価となることが多い。

⑥ 　固定資産については、土地は、売却可能である場合には、時価評価とする。時価を算定するにあたっては不動産鑑定評価書を入手する必要がある。ただし、一定の価値が認められる場合でも、現実的には処分が難しい場合もありうるため、個別的に検討が必要である。

⑦ 　建物、機械設備については、売却可能性を判断する。棚卸資産と同様に、廃棄費用が発生する場合もあるので、廃棄費用を見込む必要がある。

⑧ 　投資その他の資産のうち、保証金については、明け渡し等が完了していれば、回収を見込むことが可能である。

　　しかし、賃料の未払いがある場合や、原状回復や備品等の撤去が未了の場合であれば、その処理費用を見込んで控除しておく必要がある。

⑨ 　繰延資産は、換金性がないので、ゼロ評価とすることとなる。

⑩ 　負債の部はすべて100%返済義務のあるものと考えられるので、評価は100%査定とする。

⑪ 　その他、財務会計上は未計上であっても、現時点で見込まれる損害賠償請求権等が存在するのであれば、その点も見込む必要がある。

清算貸借対照表のサンプルは、**図表4−16**のとおりである。

図表4−16　清算貸借対照表

貸借対照表（資産の部）

×××株式会社

開始決定日：　　年　　月　　日現在（単位：××円）

資産の部	帳簿残高	清算残高
流動資産		
現金及び預金		
受取手形		
売掛金		
棚卸資産		
前払費用		
固定資産		
有形固定資産		
建物		
構築物		
機械及び装置		
土地		
無形固定資産		
ソフトウエア		
のれん		
投資その他の資産		
関係会社株式		
投資有価証券		
追加項目		
リース資産		
資産合計		

貸借対照表（負債の部）

×××株式会社

開始決定日：　　年　　月　　日現在　（単位：××円）

負債の部	帳簿残高	清算残高		内　訳		
		合計(4)=(1)+(2)+(3)	相殺・別除権付債権(1)	共益・優先債権(2)	一般債権(3)
支払手形					
買掛金					
長短借入金					
未払金					
追加項目					
リース債務					
保証債務					
負債合計					

財産目録（財産評定内訳書）					

開始決定日：　　　年　　月　　　日現在　　　　×××株式会社（単位：××円）

勘定科目	区分	帳簿残高	清算残高	概要	相殺・別除権
現金及び預金	現金				
	本社				
	営業所				
	預金				
	当座預金				
	Ａ銀行○支店				相殺予定
	定期預金				
	Ｂ銀行○支店				
	現金及び預金合計				

勘定科目	相手先	帳簿残高	清算残高	概要	相殺・別除権
売掛金					
	Ｃ株式会社				
	売掛金合計				

勘定科目	区分	帳簿残高	清算残高	概要	相殺・別除権
土地					
	○県○市……				
	○県○市……				
	土地合計				

勘定科目	相手先	帳簿残高	清算残高	概要	相殺・別除権・共益・優先債権
長短借入金					
	Ａ銀行				
	Ｘ銀行				
	長短借入金合計				

勘定科目	相手先	帳簿残高	清算残高	概要	相殺・別除権・共益・優先債権
未払金					
	Ｄ株式会社				
	未払金合計				

勘定科目	相手先	帳簿残高	清算残高	概要	相殺・別除権・共益・優先債権
保証債務					
	Ｙ株式会社				
	保証債務合計				

この章のまとめ

● 貸借対照表の構成

　　資産と負債・純資産

● 流動固定分類　　流動資産と固定資産、流動負債と固定負債

　　　　　⇒　正常営業循環基準と１年基準

　資　　産

　　流動資産と固定資産　キーワードは「現金化」

　負　　債

　　流動負債と固定負債　キーワードは「履行期限」

純資産
　株主資本、評価・換算差額（その他の包括利益累計額）・新株予約権

第 **5** 章
損益計算書

この章で学ぶこと
- 損益計算書の内容と構造
  - 企業活動の種類による分類
    - 営業活動
    - 金融活動
    - その他の経済活動

　損益計算書は、1年間の事業活動により達成された成果である「収益」と、その成果を得るために費やされた労力を金額的に算定した「費用」、それらの差額である「利益」を表したものです。

　これを、単純化して図表5-1のように表すこととしました（42ページ参照）。

1　損益計算書を企業活動により分類

　損益計算書においては、収益である「売上高」から始まり、それにかかった費用を、対応する活動により分類して表示した上、差し引いていくことにより、最終的に、当期の活動の成果として、当期純利益を示します。

　それでは、なぜ損益計算書において、このような分類表示をする必要があるのでしょうか。

　損益計算書が企業の経営成績についての十分な情報提供をするためには、その利益が、企業のどのような活動により生じたものかを明らかにする必要があります。利益の発生源泉を表示するためには、その前提となる収益と費用について、企業が行う経済活動と関連付けて、発生源泉別に分類することが必要です。このため、収益と費用を活動別に分類するのです。

　それでは、企業活動はどのように分類することができるでしょうか。

　まず、企業活動は、**営業活動**と、それに付随する**金融活動**に大別することができます。

　さらに、営業活動は、いわゆる営業循環（仕入→生産→販売→代金回収）を構成する各活動と、これらを円滑に遂行するための経営管理活動に分類することができます。

　また、金融活動には、金融機関からの借入れ及びそれに伴う利息の支払い、社債の発行、余剰資金の貸し付けやそれに伴う利息の受け取り、などが該当し

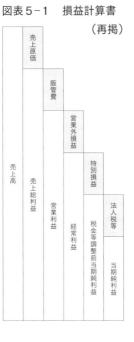

図表5-1　損益計算書（再掲）

ます。その他、保有設備を売却、除却する、自然災害の影響を受けた支出など、臨時的に発生する経済活動もあります。

　以上をまとめると、**図表5−2**のとおりです。

図表5−2　企業の経済活動の分類

・　営業活動	仕入・生産活動
	販売・回収活動
	経営管理活動
・　金融活動	
・　その他の経済活動	

2　損益計算書の構造

　以上の分類を、具体的に損益計算書に当てはめてみましょう。

図表 5-3　損益計算書の構造

```
       売上高                           営                  経
 -)    売上原価                         業                  常
                                       損                  損
       売上総利益                        益                  益
 -)    販売費及び一般管理費
       営業利益                                             
       営業外収益 ⎤                      営
 -)    営業外費用 ⎦  営業外損益            業
                                       外
       経常利益                          損
                                       益
       特別利益 ⎤                                           特
 -)    特別損失 ⎦  特別損益                                   別
                                                          損
       税金等調整前当期純利益                                  益
 -)    法人税、住民税及び事業税
 -)    少数株主利益
       当期純利益
```

(1)　営業損益区分──売上総利益・営業利益

　まず、**売上高**から**売上原価**を差し引くことにより、**売上総利益**を計算します（会社計算規則87条、88条）。

　売上高は、企業にとって最も本質的かつ重要な「収益」であり、営業活動の成果です。当該事業年度において、商品の販売又は役務の給付が履行されたものが計上されます（「実現主義」。107ページ参照）。

　これに対して、当期に販売した商品等について、その仕入・生産活動に要した原価は、売上原価と呼ばれます。

　このように計算された売上総利益から、**販売費及び一般管理費**、いわゆる**販管費**を差し引くと、**営業利益**となります。販売費及び一般管理費は、販管費とも呼ばれ、販売・回収活動や経営管理活動により発生したものです。

　このように計算された営業利益は、企業の本業である営業活動により発生した利益を示しています。

(2)　経常利益

次に、営業利益に、**営業外収益**、**営業外費用**を加算・減算すると、**経常利益**となります。

営業外収益は、営業活動以外の金融活動から生じた収益であり、会社本来の営業目的による活動から生じるものではありませんが、毎期経常的に発生する収益です。たとえば、受取利息や受取配当金が該当します。

営業外費用は、金融活動に要した費用であり、たとえば、支払利息などが該当します。

このように計算された経常利益は、企業の営業活動及び金融活動、すなわち企業の経常的な活動により獲得した利益であり、規則的・反復的に発生するものです。すなわち、会社の長期的・全体的な収益力を意味する利益です。

(3)　税金等調整前当期純利益

以上のように計算された経常利益から、**特別利益**、**特別損失**を加算・減算すると、**税金等調整前当期純利益**が計算されます。

特別利益は、臨時的な活動や事象から生じた収益です。これに対し、特別損失は、臨時的な活動や事象から生じた費用をいいます。

このように計算された税金等調整前当期純利益は、法人税を支払う前の企業の利益を示しています。

(4)　当期純利益

税金等調整前当期純利益から、法人税等の税金を引くことにより、最終的な当期純利益が算定されることとなります。

以上の企業の経済活動と収益・費用の分類を整理すると、**図表5-4**のとおりです。

図表 5-4　企業の経済活動と収益・費用の分類

		マイナス	プラス
営業活動	仕入・生産活動	売上原価	売上高
	販売・回収活動	販売費及び一般管理費	
	経営管理活動		
金融活動		営業外費用	営業外収益
その他の経済活動		特別損失	特別利益

　以下では、それぞれの項目についてもう少し詳細に説明しましょう。

③　各項目の説明

⑴　売上高

　企業は、**営業循環**（operating cycle）を繰り返すことによって、事業を営んでいます。一般的な営業循環は、以前にも示したように**図表 5-5**のとおりです。

図表 5-5　営業循環

仕入　→　生産　→　販売　→　代金回収

　すなわち、企業活動は、まず原材料を仕入れて製品を生産し、それを販売して代金を回収する、という営業循環を繰り返すことにより、成り立っています。
　売上は、この営業循環の過程において、企業活動の成果として、計上されるものです。
　売上高を計上する際に、最も問題となるのは、どの時点で収益として認識し、また、金銭的にいくらで計上するか、ということです。
　通常は、財やサービスの販売時点で収益を計上する、いわゆる「**販売基準**」によることとされています。企業活動において、商品等を取引先に販売した段階で、当該企業が生み出した価値が、取引先に受け入れられたことになりま

す。このため、事業活動の成果は、取引先に対して客観的かつ確実に移転したと考えられます。販売代金の回収は、企業の価値創造において、あくまで付随業務であり、販売が行われた段階で、その付随業務が残るのみと考えられるからです。

Accounting Matters 収益認識基準

■　従来の実務

　我が国においては、企業会計原則の損益計算書原則に、「売上高は実現主義の原則に従い、商品等の販売又は役務の給付によって実現したものに限る。」とされているものの、収益認識に関する包括的な会計基準は開発されていなかった。

　一方、国際会計基準審議会（IASB）及び米国財務会計基準審議会（FASB）は、共同して収益認識に関する包括的な会計基準の開発を行い、2014年5月に「顧客との契約から生じる収益」（IASBにおいてはIFRS第15号、FASBにおいてはTopic606）を公表した。

　これを受け、我が国においても2018年3月30日に、企業会計基準委員会より、企業会計基準第29号「収益認識に関する会計基準」（以下「収益認識基準」という）が公表された。

　収益認識基準の原則適用は、2021年4月1日以後開始する連結会計年度の期首からとなっているが、2018年4月1日以後開始する連結会計年度の期首から早期適用が可能となっている。

■　収益認識基準

　収益認識基準によれば、収益は、以下の5つのステップにより認識されることとなっている。

図表5－6　収益認識基準の5つのステップ

①　契約の識別
②　履行義務の識別
③　取引対価の決定
④　取引対価の履行義務への配分
⑤　履行義務の履行により収益認識

> 　収益認識基準においては、売上高などの収益を企業が契約上の履行義務を充足したときに認識するものとし、企業から顧客への財やサービスに対する支配の移転が、
> 　（ⅰ）　一時点で生じる場合
> 　（ⅱ）　一定期間にわたり継続的に生じる場合
> に区別する。
> 　（ⅰ）「一時点で支配が移転する取引」においては、当該一時点で収益を認識することになる。
> 　これに対し、（ⅱ）「一定期間にわたり継続的に支配が移転する取引」においては、一定期間にわたって、支配の移転に従って、収益を認識することを求めている。

⑵　売上原価

　売上原価とは、売上高に対応して、その獲得に直接貢献した費用項目として対応付けられるものです。当期に売却した商品について、その仕入れ等にどのくらいのコストがかかったかを表示しているのです。

　売上原価を計算するためには、以下のような計算がなされます。

図表5-7　売上原価の計算

期首商品棚卸高　A	売上原価
当期商品仕入高　B	
	期末商品棚卸高　C

　すなわち、売上原価は、**期首商品棚卸高**（A）と**当期商品仕入高**（B）を加算した金額から、**期末商品棚卸高**（C）を減じることにより計算することがで

きます。

For your reference 製造業の売上原価の算定

　製造業の場合には、売却した製品の製造コストを算定するために、生産に要した費用を集計する手続が必要となる。このような手続を、原価計算という。

　原価計算を行うためには、まず、生産に要する費用を、材料費、労務費、製造経費等に分類して把握することが必要である。そして、当期に投入された「当期製造費用」を、当期中に完成した部分（完成品）の原価と、未完成の部分（仕掛品）の原価に分配することにより、完成品の原価を算定することとなる。

　なお、未完成の製品は、「仕掛品」（しかかりひん）として、貸借対照表の流動資産に計上されることとなる。

---

(3)　販売費及び一般管理費

　「販売費及び一般管理費」は、販管費とも呼ばれます。これは、販売や回収活動や経営管理活動から生じる費用です。

　一般的に、販売費や一般管理費に計上される費用項目は、以下のようなものが挙げられます。

図表5-8　販売費・一般管理費の例

・　販売手数料、荷造り費、運搬費、広告宣伝費
・　経営管理部門の人件費
・　経営管理部門の減価償却費、不動産賃借料
・　貸倒引当金繰入額

Accounting Matters 減価償却費とは？

　有形固定資産は、長期にわたって企業活動に利用されるが、経済活動に利用したとしても、物理的に、有形固定資産の数量等が減少することはない。とはいえ、資産は、使用することに伴って、その価値は減少しているはずである。すなわち、資産価値は、使用可能期間にわたって徐々に減価し、最終的には残存価値

を残すのみになる。

　このため、会計的には、その減価した部分を、使用に伴って費用として計上するために、**減価償却**という手続を行い、有形固定資産の資産価額を同額だけ減少させるのである。

　なお、財務諸表では、有形固定資産は取得原価で表示されている。これまでに減価償却が行われた合計金額を、**減価償却累計額**という。

■　減価償却を行うために必要なこと──耐用年数の決定

　減価償却費は、「合理的に決定された一定の方式に従い、毎期計画的、規則的に実施しなくてはならない」こととされている（監査・保証実務委員会実務指針第81号「減価償却に関する当面の監査上の取り扱い」第6項）。

　しかし、多くの会社では、現実の耐用年数を見積もることは困難であること、仮に法人税法認められる耐用年数よりも短い期間で償却すると、法人税法上損金としては認められず、いわゆる有税償却となることから、法人税法に定められた耐用年数を用いて行っていることが多い。

■　減価償却の方法

　減価償却の方法として、多くの企業で用いられているものは、以下のような方法がある。

・定額法

　定額法は、資産の耐用年数にわたり、毎期定額を減価償却処理する方法である。

・定率法

　定率法は、期首の未償却残高に毎期一定の償却率を乗じて、減価償却処理する方法である。

　定率法で減価償却を行うことにより、償却初年度が最も金額が大きくなる。その後は、年度が経過するごとに償却金額が減少していくこととなる。

　経済的な実態として、資産を購入した初年度が最も使用頻度が高いことや、資産の使用により収益に直結するケースが多いと考えられることから、定率法は、比較的経済的な実態に即した減価償却方法であるといわれている。

⑷　営業外収益、営業外費用

　営業外収益・営業外費用は、営業利益に続いて記載されます。

　営業外収益は、当期の金融活動から生じた**金融収益**、営業外費用は、**金融費用**を示しています。この営業外収益と営業外費用を差し引き（ネット）したものを、**営業外損益**といいます。

　このような活動は、企業の営業活動ではないものの、反復・規則的な経常的な活動から生じるものです。このため、営業利益に、営業外損益を加減算したものを、**経常利益**といいます。これは、企業の正常な収益力を示す利益です。

　営業外収益としては、貸付金からの発生する受取利息、株式を保有することにより発生する受取配当金などがあります。

　営業外費用としては、借入金から発生する支払利息などがあります。

⑸　特別利益、特別損失

　特別利益、特別損失をネットした特別損益は、当期の企業活動とは直接関連性がないと考えられる事象から発生したものです。

　特別利益、特別損失の具体例としては、有形固定資産の売却損益や除却損、災害による損失などが挙げられます。

For your reference　非支配株主に帰属する当期純利益とは

　連結損益計算書において表示されているが、個別損益計算書には表示されていないものとして、「非支配株主に帰属する当期純利益」がある。

　親会社による子会社株式の所有割合が100％に満たない場合には、子会社には、親会社以外の非支配株主が存在する。「非支配株主に帰属する当期純利益」は、子会社の当期純利益のうち、親会社以外、すなわち子会社の非支配株主に帰属する金額である。

> ### Accounting Matters　セグメント情報とは
>
> 　今日の企業は、事業が多角化しているのみならず、事業拠点も多国籍化している。このため、利害関係者への情報提供として、1つの企業を、いくつかの部門に分類し、その部門別に区分して算定された売上高・利益・資産等の情報が提供されることが有用であると考えられる。このような、いくつかの部門別に区分して算定された情報を、セグメント情報という。
>
> 　企業会計基準第17号「セグメント情報等の開示に関する会計基準」は、セグメント情報を、注記事項として開示することを求めている。
>
> 　セグメント情報を作成するためには、まず①事業セグメントを識別したうえ、②報告の対象とするべき「報告セグメント」を決定する。
>
> 　まず、事業セグメントとして、収益・費用が発生する事業活動のうち、企業内部での経営管理目的で区分し、他とは分離された情報を集計している部門を識別する。そのうち、売上・利益・資産が10%以上のものを、報告セグメントとするのである。
>
> 　このように、セグメントの区分にあたり、経営者が企業内部での経営管理のために用いている区分を重視する方法を、マネジメント・アプローチと呼んでいる。

財務諸表で確認してみよう

　今まで述べたことを、実際の財務諸表で確認してみましょう。株式会社資生堂の2019年12月期の連結損益計算書を再掲します。

　資生堂の連結損益計算書によれば、売上高は1兆1,315億円に対し、最終的に、法人税等を控除した後の当期純利益は773億円、このうち親会社株主に帰属する当期純利益は735億円となっています。子会社に存在する少数株主に帰属する利益（非支配株主に帰属する当期純利益）が、37億円あるということです。

売上高から営業利益まで

　売上高は、1兆1,315億円、売上原価は、2,548億円、売上総利益は8,767億円です。ここから販売費及び一般管理費として7,628億円が差し引かれ、営業利

図表 5 - 9　資生堂の連結損益計算書（2019年12月期）〔再掲〕

（単位：百万円）

売上高	1,131,547
売上原価	254,844
売上総利益	876,703
販売費及び一般管理費	762,871
営業利益	113,831
営業外収益	
受取利息	1,243
受取配当金	333
持分法による投資利益	330
受取家賃	625
補助金収入	1,056
その他	2,086
営業外収益合計	5,674
営業外費用	
支払利息	2,292
為替差損	5,375
その他負債の利息	1,266
その他	1,831
営業外費用合計	10,766
経常利益	108,739
特別利益	
固定資産売却益	654
投資有価証券売却益	3,449
事業譲渡益	—
特別利益合計	4,103
特別損失	
固定資産処分損	1,683
投資有価証券売却損	165
投資有価証券評価損	27
事業構造改善費用	1,637
構造改革費用	1,483
関係会社整理損	466
事業撤退損	—
特別損失合計	5,465
税金等調整前当期純利益	107,378
法人税、住民税及び事業税	22,538
過年度法人税等	4,504
法人税等調整額	3,033
法人税等合計	30,076
当期純利益	77,301
非支配株主に帰属する当期純利益	3,739
親会社株主に帰属する当期純利益	73,562

益が1,138億円となっています。このように、資生堂では一見して、売上高に対する売上原価の割合は小さく、売上総利益が非常に大きいことが分かります。これに対して、販管費の割合が大きいことが分かります。

　化粧品は、一般的に製造コストは低く、むしろブランドを守るための広告宣伝費や、販売員の販売促進費といったマーケティングコストが多額になる傾向があります。モノを売るというより、イメージを売るというビジネスの特性からくるものでしょう。

営業外損益から経常利益

　営業外収益として、受取利息12億円など、56億円が計上されています。営業外費用として、支払利息22億円など、107億円が計上されています。この結果、経常利益は1,087億円となっています。

　営業外収益として計上されているもののうち、持分法による投資損益とは、持分法を適用した際に計上される損益をいいます。これは、子会社として支配しているとまではいえないものの、一定の影響を与えることができる持分法適用会社（関連会社）が計上した利益のうち、投資会社が保有している持分割合分について損益を計上するものです。ここでは、3億円のリターンをもたらしています。

　また、為替差損益とは、外国為替相場の変動により生じる損益をいいます。外貨を円に換算する際、外貨買付時と比べ、円相場が円安に変動した場合、その変動した分、利益が生じることとなります。逆に円高になった場合、その円高に振れた分、損失が生じることとなります。当期は営業外費用として、為替差損が53億円計上されています。

　すなわち、資生堂においては当期における経常利益、すなわち、将来にわたり、反復規則的に計上される損益としては、1,087億円であったということです。

特別損益から税金等調整前当期純利益

　特別利益として、41億円、特別損失として、54億円が計上されています。

この中で大きなものは、特別利益の中の投資有価証券売却益34億円、特別損失の中の事業構造改善費用16億円、構造改革費用14億円です。これらは、経常的に発生するものではないため、特別損益項目に計上されています。

　この結果、税金等調整前当期純利益として、1,073億円が計上されています。

親会社株主に帰属する当期純利益

　これらに対して、法人税等が差し引かれ、当期純利益773億円が計上されています。

　このうち、前述のとおり、子会社の少数株主（非支配株主）に帰属する部分が37億円、残額の735億円が親会社株主に帰属する当期純利益ということとなります。

Accounting Matters　包括利益計算書

　損益計算書で算定される最終的な利益は、「当期純利益」である。

　しかし、企業会計基準第25号「包括利益の表示に関する会計基準」は、連結財務諸表においては、当期純利益とともに包括利益を算定して表示することを求めている。

　包括利益は、当期純利益とその他の包括利益の合計で算定される。当期純利益は、すでに「実現」した利益であるのに対し、その他の包括利益は、時価で評価される資産・負債について、当期中に生じた時価の変動額であり、「未実現」の損益である。

　具体的には、①その他有価証券評価差額金、②為替換算調整勘定、③退職給付に係る負債、に関して当期中に発生した変動額をいう。

　なお、包括利益計算書に記載される「その他包括利益」は当期中に発生した時価の変動額を示すのに対し、貸借対照表に記載されている「その他包括利益累計額」は、過去から現在までの増減を累計した残高を意味している。

この章のまとめ
● 損益計算書の内容

企業活動の種類による分類

営業活動	仕入・生産活動	売上原価	売上高
	販売・回収活動	販売費及び一般管理費	
	経営管理活動		
金融活動		営業外費用	営業外収益
その他の経済活動		特別損失	特別利益

第 **6** 章

キャッシュフロー計算書

この章で学ぶこと

- ・ キャッシュフロー（資金繰り）の重要性
- ・ 営業活動、財務活動、投資活動のキャッシュフロー
- ・ 損益計算書とキャッシュフロー計算書との違い

① キャッシュフロー（資金繰り）の重要性

　本章では、キャッシュフロー計算書について説明します。

　そもそも、キャッシュフロー（資金繰り）は、なぜ重要なのでしょうか。

　貸借対照表では、決算日時点の財政状態を、損益計算書においては、1年間の経営成績を確認することができます。しかし、企業の状態を確認するのには、これらの情報のみでは、必ずしも十分であるとはいえません。

　たとえば、仮に多額の売掛金を保有していたとしても、支払わなければならない債務の履行期限までにそれらが現金として回収がなされなければ、債務の支払いに充てることができません。すなわち、貸借対照表において売掛金として資産計上されていれば、将来現金化することが見込まれているはずですが、これらが「回収」されることによって、はじめて意味を持つのです。たとえ、損益計算書において利益が計上されていたとしても、それが現金で回収されなければ、「絵にかいた餅」になってしまいます。

　このため、貸借対照表における財政状態や損益計算書における経営成績といった情報のほかに、企業活動によりどのように現金収入があり、現金支出を行っているのか、という点についての情報が重要となってくるのです。

　特に、企業が倒産に瀕した場面では、資金繰りに窮することが一般的です。法務担当者として、法的整理、任意整理を問わず、このような案件に関与するためには、企業のキャッシュフロー（資金繰り）に関する理解を深めておくことが重要です。

② キャッシュフロー計算書

　キャッシュフロー計算書は、企業活動に伴う現金などの資金の流れを、①営業活動、②投資活動、③財務活動、に分類して表示します。このように、資金の流れを分類表示することにより、現金の期首残高から期末残高への変動の原因が明らかになります。

　以下、①営業活動、②投資活動、③財務活動とはどういうものか、それぞれ

具体的に見ていきましょう。

(1) 営業活動によるキャッシュフロー

　営業活動とは、企業が主として営む事業に関連する活動です。たとえば、売上収入、商品や原材料の仕入れのための支出、人件費、販売費、管理費などの支出などが、営業活動にあたります。

　営業活動によるキャッシュフローは、本業が生み出す現金を示しますから、通常、プラスのほうがよいと考えられます。このような状態は、本業から現金収入を得ている状態であると考えられるからです。

　しかし、たとえば、創業したばかりの会社では、営業活動によるキャッシュフローがマイナスのことも珍しくありません。とはいえ、顧客獲得のためには、ある程度赤字を前提に事業拡大を目指すことが必要な場合もあります。したがって、適切な事業計画があり、それに沿って成長を目指しているのであれば、このような営業活動によるキャッシュフローのマイナスは、今後の企業成長のために、必要なことかもしれません。

(2) 投資活動によるキャッシュフロー

　投資活動とは、設備投資、証券投資、融資などを言います。これらは、調達した資金を、各種の資産に投下する活動です。

　投資活動によるキャッシュフローが、プラスがよいのか、マイナスがよいかについては、一概には判断できません。

　たとえば、新規工場を建設するための不動産を購入した場合や、子会社株式を購入した場合も、投資キャッシュフローはマイナスになります。投資キャッシュフローがマイナスになっていた場合に、重要なのは、その理由です。投資キャッシュフローがマイナスであっても、それが将来への布石を打つための投資ならば、むしろ積極的に評価できます。このような場合には、攻めの経営を行っているということができるでしょう。

　反対に、投資活動によるキャッシュフローがプラスになっているということ

は、投資を引き上げている状態であるということです。この場合には、守りの経営を行っているということができるでしょう。そして、なぜそのように投資を引き上げているのか、その理由を探ることが大切です。

⑶　財務活動によるキャッシュフロー

　財務活動とは、資金を調達し、またその返済をすることです。

　この財務活動によるキャッシュフローも、プラスがよいのかマイナスがよいのかについては、一概にはいえません。たとえば、金融機関から借入をすれば財務キャッシュフローはプラス、返済すればマイナスになりますが、やはりこの理由を探ることが大切です。

　金融機関からの借入が、将来への布石を打つためのものであれば、評価することができるでしょう。しかし、売上債権が膨らんでいる（すなわち、営業キャッシュフローが減少している）状況で、運転資金として借入しているのであれば、あまり好ましい状態であるとはいえないでしょう。このような状態であるならば、本来は、売上債権の回収を行い、営業キャッシュフローを増加させる手段を講じるべきであるからです。

　以上のように、キャッシュフロー計算書を読むときには、まずその合計金額がプラスであるのか、マイナスであるのかに注目することとなります。しかし、単純にその符号だけで判断するのではなく、資金全体の増減と、それが①営業活動、②投資活動、③財務活動のいずれにおいて生じているのか、そしてその理由は何か、といった点について検討することが大切です。

　以上のことを簡単に整理すると、**図表6-1**のように整理することができるでしょう。

図表6-1　それぞれのキャッシュフローのプラス・マイナスが持つ意味

	営業C/F	投資C/F	財務C/F
プラス	本業が好調	守りの経営	借入・増資
マイナス	本業が不調	攻めの経営	返済・配当

Case Study

　それでは、それぞれのキャッシュフローが、以下のように、プラス・マイナスの関係であったとした場合、どのような状態の企業を想定することができるでしょうか。

　たとえば会社Aは、営業キャッシュフローはプラス、投資キャッシュフローと、財務キャッシュフローもマイナスであるということを示しています。

　会社Aから会社Dについて、どのような状態の企業が想定されるでしょうか。

図表6-2　キャッシュフローの状況──どのような企業が想定されるか

	営業C/F	投資C/F	財務C/F
会社A	+	−	−
会社B	+	−	+
会社C	−	+	+
会社D	−	−	+

営業キャッシュフローはどうか？

　まず営業キャッシュフローを見ると、会社Aと会社Bはプラスです。すなわち、これらの会社は、営業活動により、現金を獲得しているということです。

　これに対して、会社Cと会社Dは、営業キャッシュフローはマイナスです。すなわち、営業活動により、現金を流出させているということになります。

　したがって、会社Aと会社Bは、本業が好調であると考えられます。これに対して、会社Cと会社Dは、本業があまりうまくいっていないということでしょう。

会社Aと会社Bの違いは？

　それでは、会社Aと会社Bでは、どこが違うのでしょうか。

会社A

　会社Aは、財務キャッシュフローがマイナスです。加えて、会社Aは、投資キャッシュフローもマイナスになっています。

　したがって、会社Aは、営業活動により獲得した資金を投資にも回し、かつ、財務キャッシュフローとして、借入資金の返済にも回しているということです。おそらく、本業は順調であり、資金が非常に潤沢なのでしょう。営業活動から資金を獲得し、投資もして、かつ過去の借入金の返済も行っている。すなわち、会社Aは、事業が非常にうまく回っている状態だと考えられます。

会社B

　これに対して、会社Bは、会社Aと同じく営業キャッシュフローはプラスになっていますが、財務キャッシュフローもプラスとなっています。すなわち、会社Bは、財務活動により資金を調達していることとなります。

　このように資金を借り入れた上で、投資キャッシュフローに回している状態です。すなわち、本業も好調であり、財務活動により資金を調達しながら、将来のために投資も行っているということになります。

　以上のように、会社Aは、営業活動により獲得した資金を、投資にも回しながら、借入れの返済にも回しています。

　会社Bは、営業活動により獲得した資金に加えて、さらに財務活動により資金を借入れしながら、将来を見据えて、積極的に投資をしている会社であると考えられます。

　いずれにせよ、会社Aと会社Bは、営業キャッシュフローがプラスとなっていますから、本業から資金を獲得し、それを投資活動・財務活動、それぞれに振り向けているということです。

会社Cと会社Dで危ない会社は？

　これに対して会社Cと会社Dはどうでしょうか。両社ともに、営業キャッ

シュフローがマイナスです。したがって、本業はあまりうまくいっていない可能性があります。

　それでは、どちらがより危ない会社なのでしょうか。

会社D

　会社Cも会社Dも、財務キャッシュフローでプラスですから、借入れなどにより資金調達をしています。しかし、会社Dは、投資キャッシュフローはマイナスですので、その資金を、将来を見据えた投資に回しています。

　すなわち、本業はあまり良くないけれども、金融機関等からの借入れ、又は増資などで資金を調達しながら、将来に対する投資活動に資金を回していると考えられます。本業が不調であるということは、場合によっては、金融機関が、与信の問題で貸付を行わないこともあるでしょう。しかし、このような状態にもかかわらず、金融機関等から資金調達をして、投資活動に回しているということになります。

　これは、たとえばベンチャー企業など、現時点では、本業ではあまり資金を獲得できていないものの、その将来の収益性を見込んで、金融機関や投資家から資金調達活動ができている。そのように調達した資金を、将来のための投資を行っている会社であろうと考えることができます。

会社C

　それに対して、会社Cはどうでしょうか。

　会社Cは、営業キャッシュフローはマイナス、すなわち、あまり本業はうまくいっていません。財務キャッシュフローはプラスですので、何とか財務活動により資金を調達しているのでしょう。

　さらに、投資キャッシュフローがプラスですから、投資活動から資金を獲得している、すなわち投資を回収しているということです。たとえば事業を売却したり、固定資産を売却したりすることによって、資金を獲得している状態です。本業の調子はあまり良くなく、営業活動から資金が獲得できない状態になってきてるので、過去の投資も回収するし、かつ、金融機関からも資金を調達しているということが想定されます。

　すなわち、会社Cは、経営状態はあまり良くないのではないかと考えられます。投資キャッシュフローがプラスということは、少なくとも将来に対する投資はできていないということです。今後、将来に対する投資を控えるという状態が続くようであれば、会社としては徐々に立ち往かなくなってくる可能性もあります。投資を回収し、そこから資金を調達している、まずはその理由を見極めることが必要でしょう。

　営業キャッシュフロー、投資キャッシュフロー、財務キャッシュフローのプラス、マイナスの組合せから、以上のように分析することができます。

③　キャッシュフロー計算書の作成方法

　では、キャッシュフロー計算書は、具体的にどのように作成されるのでしょうか。キャッシュフロー計算書を読み解くためには、作成方法について最低限の知識が必要ですので、簡単に説明しましょう。

⑴　営業活動によるキャッシュフロー

　営業活動によるキャッシュフローについては、直接法と間接法の2通りの作成方法があります。

　直接法は、現金等の期中における収入額と支出額の総額を記載する方法です。これに対し、間接法は、損益計算書で計算される当期純利益から、調整を加えることにより、期中の営業活動による資金の変化額を間接的に示す方法です。

　ほとんどの企業は、このうち間接法を採用して、キャッシュフロー計算書を作成しています。このため、以下では、間接法でどのように営業活動によるキャッシュフローを計算するのかについて説明します。

　間接法は、当期純利益を出発点として、営業活動による資金の増減を明らかにする方法でした。収益はほとんどが現金収入であり、費用はほとんどが現金支出を伴うものです。しかし、現行の発生主義会計では、前述のとおり、現金収入を伴わない収益、現金支出を伴わない費用が存在します。

　間接法は、このような収入と収益、支出と費用の違いを調整することにより、発生主義会計により計算された当期純利益から、営業活動に伴う現金収支額を計算するのです。

　では、どのような場合に調整が必要となるのでしょうか。これは、①収益と収入の不一致、②費用と支出の不一致が発生するのは、どのような場合であるか、と言い換えることができます。このような場合には、収益と費用の差額である利益と、現金収支に差異が生じると考えられるからです。

　以下で具体例を見てみましょう。

ア　収益と収入の不一致

　まずは、①収益と収入が一致しない場合です

　事業活動の成果は、損益計算書において「収益」として表示されています。そして、その事業活動の成果は、最終的には現金（キャッシュ）の獲得という形で表現されます。

収益はすべて現金の増加があるか？

　しかし、前述のとおり、企業の経営成績をより正確に表現するためには、現金主義ではなく、発生主義が適切であり、今日の会計は、発生主義を原則としています。このため、当期の損益計算書において収益として計上されていても、必ずしも現金の増加があるというわけではありません。

　具体例を1つ挙げると、売上として収益計上されているものの、未だ現金として回収されておらず、売掛金として計上されている場合（すなわち、売掛金が増加した場合）があります。

ポイント　収 益
- ・　基本的には、現金収入と一致（現金が増加する）
- ・　現金が増加しない場合
  - →　例）売掛金として計上されている場合（売掛金が増加した場合）

| Case Study | 売掛金の増加と現金収入 |

　それでは、なぜ売掛金が「増加」した場合には、なぜ現金が増加しないのでしょうか。

　たとえば、こういうケースを考えてみましょう。ある会社では、10億円の売上がありました。単純化するために、費用がまったくかからなかったとしましょう。

　この会社の損益計算書（P/L）は、10億円の収益から、費用が 0 ですから、利益は10億円です。

図表6-3　会社の損益計算書（P／L）

売上（収益）	10億円
費用　　　　▲	0 円
利益	10億円

　それでは、この利益として計算された10億円に対応する現金（キャッシュ）が入ったかという点に着目して考えてみましょう。

　この10億円の売上が、現金として入ってきているのであれば、この会社では、損益計算書において計算された利益10億円に見合う現金を獲得していることとなります。

　しかし、この売上が未だ現金としては入っておらず、売掛金として計上されていたらどうなるでしょうか。一般的には、売上は、物を売ったり、サービスを提供したことにより計上します。しかし、現金として回収されていない状態であれば、相手方に対する請求権（債権）を持つこととなります。これが、売掛金として、資産勘定に計上されています。

　このように、売上に見合う金額が、全額売掛金として計上されたのであれば、損益計算書においては、10億円の売上があり、利益は10億円を計上しているけれども、この利益10億円に見合う現金は、会社には入っていないこととなります。

　このように、一番極端なケースは、期首の売掛金がゼロであった場合です。

　継続的な事業活動では、当期において、前期に発生した売掛金を回収すれば、売掛金が減少します。反対に、当期に売上として計上されたものの現金として回収できなかった場合には、売掛金が増加します。

　これを図示すると図表6-4のようになります。

図表6-4　売掛金の残高

　すなわち、売掛金が増加したということは、売上として収益には計上されている、その結果利益として計上されているけれども、それに対応する現金は増加していないということとなります。

　このように、収益に計上されているが、現金が増加しないケースがある。その1つの例が、「売掛金の増加」なのです。

　逆に、貸借対照表の負債項目である買掛金が「増加」した場合には、それだけの仕入れに対応する現金が支出されていないということです。このため、買掛金が増加するということは、損益計算書の利益から計算すると、現金の収支には、プラスのインパクトを与えるということとなります。

イ　費用と支出の不一致

　次は、費用と支出の不一致について考えてみましょう。

　費用は、事業活動をするにあたって発生するコストです。費用も、基本的には、現金（キャッシュ）のマイナスであり、流出です。

費用はすべて現金の支出があるか？

　しかし、費用として計上されながら、例外的に現金（キャッシュ）の流出を伴わない場合もあります。具体例を１つ挙げるとすると、減価償却費が計上されている場合です。

　たとえば、工場を10億円で建設したとしましょう。その工場は、10年間にわたって稼働することができるとします。仮に、この会社は、その工場で製造したものを売却して、毎年２億円を売り上げ、これを毎年現金で回収しているとしましょう。本来は製品を製造・販売するためのコストが発生するはずですが、単純化のため、それ以外に、現金収入や支出は発生していないものとします。

現金主義会計での処理

　これを現金主義会計で処理すると、どのようになるでしょうか。

　現金だけの動きを見ると、初年度は２億円の現金収入がありますから、売上は２億円です。

　それに対して、10億円の工場建設のための現金支出がありました。そうすると、２億円の現金収入に対して、10億円の現金支出がありましたから、現金主義会計においては、初年度は、８億円の損失となります。

　これに対して、２年目以降は、現金収入は２億円ありますが、現金支出は０円です。このため、２年目以降は、利益が２億円ということとなります。

　すなわち、この会社は、初年度は８億円の損失、２年目以降は、２億円の利益ということになります。

図表6-5　この会社の損益計算書（P／L）──現金主義の場合

	初年度	2年目以降
売上（現金収入）	2億円	2億円
費用（現金支出）	▲　10億円	0円
利益	▲　8億円	2億円

現金主義の問題点　→　発生主義会計

　しかし、これはこの会社の経営成績として、実態を適切に表しているでしょうか。

　この工場は、10年間にわたって稼働して製品を製造することができます。このため、この会社は初年度に、10億円かけて工場を建設した、つまり投資したわけです。そして、その工場への投資の効果は、10年間の2億円の売上（現金収入）という形で、10年間にわたって及んでいることとなります。

　この工場は10年間にわたって、経済活動に利用されています。このため、この工場の価値はこの使用期間にわたって、その評価額は減少していく、すなわち「減価」という事実が発生しています。

　このため、発生主義会計においては、この工場の利用により達成された売上収益と対応付けるために、またこの工場の利用による「減価」という事実を反映させるため、初年度に投資した10億円を、10年間にわたって、期間配分します。このような処理を減価償却といい、このような減価の事実に対応して計上される費用を、減価償却費といいます。

　減価償却の方法は、前述のとおりいくつかありますが、10億円を10年に期間配分するのですから、単純化するために、毎年1億円の減価が生じていることとしましょう。それを、減価償却費として、費用として計上するのです。

　そうすると、この会社の損益計算書（P/L）は次のようになります。

図表6-6　この会社の損益計算書（P/L）──発生主義の場合

	初年度	2年目以降
売上（現金収入）	2億円	2億円
費用（現金支出）	▲　1億円	▲　1億円
利益	1億円	1億円

⇒　初年度及び2年目以降も一致して、1億円の利益が計上される。

　初年度に2億円の売上が上がります。そして、初年度の減価償却費は1億円です。費用が1億円なので、利益は1億円。2年目以降も、全く同じ利益1億円となります。
　すなわち、この会社は10年間工場を使って、同額の売上を計上し続けています。ここでは、減価が毎期定額に発生しているという仮定を置いていますが、その実態を表現するために減価償却という手法を使うのです。

減価償却費と現金支出は一致しているか？

　ここで、減価償却費として計上されている1億円は、費用として処理されています。すなわち、利益に対しては、1億円のマイナスのインパクトを与えていることとなります。では、この費用は、その期の現金の支出を伴っているでしょうか。
　答えは、否です。各期に減価償却費として計上されている1億円は、あくまで過去に投資した10億円を（期間）按分した結果であって、当期の現金1億円が減ったわけではありません。
　ここでのポイントは、その**費用計上されている**期の現金の流出ではなく、あくまで過去の現金の流出であるという点です。当期の現金を使ったわけではありません。しかし、費用として計上されているわけですから、利益に対してはマイナスのインパクトを持っていることとなります。
　このため、減価償却費は、費用であるけれども、現金の支出を伴っていないということになります。

ポイント　費　用
・　基本的には、現金支出と一致（現金が減少する） ・　現金が減少しない場合 　　→　例）減価償却費

ウ　まとめ

　以上のとおり、収益に関しては、基本的には現金の流入、すなわち現金が獲得されるということでした。しかし、現金の流入がない場合もあります。具体例の１つは、売掛金が増加した場合です。

　これに対して、費用は、基本的には現金が流出することとなります。しかし現金の流出を伴わない場合もあります。その具体例の１つが、減価償却費です。

　以上の点を、損益計算書（P/L）とキャッシュフロー計算書（C/F）のつながりという観点で整理をします。キャッシュフロー計算書の営業キャッシュフローは、損益計算書の当期純利益を起点として、調整をすることにより作成しますが、この調整は、上記の収益と収入、費用と支出の違いにより、必要となるということです。

⑵　投資活動によるキャッシュフロー

　投資活動によるキャッシュフローは、企業が将来の利益獲得及び資金運用のために設備投資や他企業に対する投資により、どれほどキャッシュを支出したか、固定資産や有価証券の売却等によって、どれほどキャッシュを回収したかを示す情報です。

　投資活動によるキャッシュフローは、投資活動に関係する貸借対照表項目、たとえば、有形固定資産などの増減額から現金収入・支出を算定します。

⑶　財務活動によるキャッシュフロー

　財務活動によるキャッシュフローには、資金の調達及び返済によるキャッ

シュフローが記載されます。資金調達には、新規の借入れや借換え、社債の発行、新株の発行などが含まれます。資金の返済には、借入れの返済や社債の償還、株主への配当金の支払いなどが含まれます。

　財務活動によるキャッシュフローは、財務活動に関係する貸借対照表項目、たとえば、借入金などの増減額から現金収入・支出を算定します。

┤Column│ フリーキャッシュフローとは

　企業の資金に関する重要な指標として、フリーキャッシュフローがある。

　フリーキャッシュフローとは、文字通り自由になるおカネである。すなわち、フリーキャッシュフローとは、企業が、獲得した収入から、必要な支出を行った後に、自由に使える資金として、手元に残る資金増加の純額を指す。

　一般的には、フリーキャッシュフローは、営業キャッシュフローと投資キャッシュフローを合計した金額である。たとえば、営業キャッシュフローがプラス、投資キャッシュフローがマイナスとなっている場合には、営業活動により獲得したキャッシュフローから、事業維持のために必要な投資キャッシュフローを差し引くことにより、フリーキャッシュフローを算定することができる。

　ある年のフリーキャッシュフローがマイナスだったからといって、一概に将来性がないということとはならない。事業の拡大や成長のために、多額の投資をした場合には、フリーキャッシュフローはマイナスとなる可能性もあるが、このような経営判断が必要となることもある。また、いわゆるベンチャー企業などでは、事業拡大のために積極的な投資をしているために、フリーキャッシュフローがマイナスになることもある。

　このため、単年でフリーキャッシュフローを見るのではなく、数年分を比較することが必要である。さらに、フリーキャッシュフローの数値だけを見るのではなく、そのフリーキャッシュフローの使い途や、中長期の経営戦略なども踏まえて、総合的に判断することが必要である。

財務諸表で確認してみよう

　今まで述べたことを、実際の財務諸表で確認してみましょう。資生堂の2019年12月期の連結キャッシュフロー計算書を再掲します（134ページ）。

期首と期末のキャッシュの増減

　現金及び現金同等物の期首残高、これは、2018年12月期の期末残高と一致しているはずですが、1,117億円あります。これが、最終的には、現金及び現金等価物の期末残高として、974億円となっています。

　それでは、この増減はどのような要因によるものでしょうか。

キャッシュフローの全体像

　まず、営業活動によるキャッシュフローです。

　営業キャッシュフローは、755億円のプラスになっています。すなわち、本業で、現金を獲得しているということになります。本業は、順調であるということでしょう。

　では、投資キャッシュフローはどうかというと、2,028億円のマイナスとなっています。つまり、金額的にも、大きな投資活動を行っています。このため、フリーキャッシュフローはマイナスとなっています。これは、そもそも、手持ち資金が潤沢であるから、積極的な投資ができるということでしょう。

　最後に、財務キャッシュフローは、1,136億円のプラスとなっています。積極的な投資活動を支えるため、資金調達も積極的に行っているということでしょう。

　もう少し具体的に、それぞれの中身を確認していきましょう。

営業活動によるキャッシュフロー

　営業活動によるキャッシュフローについては、税金等調整前当期純利益は、1,073億円です。これは、連結損益計算書の税金等調整前当期純利益と一致しています。

　ここをスタートとして、営業活動によるキャッシュフローを調整していくこ

図表6-7　資生堂の連結キャッシュフロー計算書（2019年12月期）〔再掲〕

（単位：百万円）

営業活動によるキャッシュ・フロー		投資活動によるキャッシュ・フロー	
税金等調整前当期純利益	107,378	定期預金の預入による支出	△9,833
減価償却費	55,732	定期預金の払戻による収入	10,781
のれん償却額	2,678	投資有価証券の取得による支出	△462
固定資産処分損益（△は益）	1,028	投資有価証券の売却による収入	10,181
投資有価証券売却損益（△は益）	△3,283	事業譲渡による収入	―
事業譲渡益	―	事業譲受による支出	△1,090
貸倒引当金の増減額（△は減少）	770	有形固定資産の取得による支出	△92,202
返品調整引当金の増減額（△は減少）	△5,626	有形及び無形固定資産の売却による収入	1,190
返金負債の増減額（△は減少）	5,306	無形固定資産の取得による支出	△19,598
賞与引当金の増減額（△は減少）	△5,637	長期前払費用の取得による支出	△8,305
役員賞与引当金の増減額（△は減少）	△109	敷金及び保証金の差入による支出	△1,997
危険費用引当金の増減額（△は減少）	△110	連結の範囲の変更を伴う子会社株式の取得による支出	△91,768
退職給付に係る負債の増減額（△は減少）	△3,859	その他	282
環境対策引当金の増減額（△は減少）	△90	投資活動によるキャッシュ・フロー	△202,823
事業撤退損失引当金の増減額（△は減少）	△3,086	財務活動によるキャッシュ・フロー	
受取利息及び受取配当金	△1,576	短期借入金及びコマーシャル・ペーパーの増減額（△は減少）	117,751
支払利息	2,292	長期借入れによる収入	43,624
その他負債の利息	1,266	長期借入金の返済による支出	△730
持分法による投資損益（△は益）	△330	社債の償還による支出	△10,000
売上債権の増減額（△は増加）	△9,209	リース債務の返済による支出	△8,278
たな卸資産の増減額（△は増加）	△31,217	自己株式の取得による支出	△22
仕入債務の増減額（△は減少）	10,190	自己株式の処分による収入	114
その他	6,408	配当金の支払額	△22,028
小計	128,914	非支配株主への配当金の支払額	△5,133
利息及び配当金の受取額	1,673	長期未払金の返済による支出	△1,618
利息の支払額	△2,021	その他	―
その他負債の利息の支払額	△1,266	財務活動によるキャッシュ・フロー	113,678
法人税等の支払額	△51,736	現金及び現金同等物に係る換算差額	△693
営業活動によるキャッシュ・フロー	75,562	現金及び現金同等物の増減額（△は減少）	△14,276
		連結除外に伴う現金及び現金同等物の減少額	△24
		現金及び現金同等物の期首残高	111,767
		現金及び現金同等物の期末残高	97,466

とになります。

　すぐ下に、減価償却費が出てきますが、557億円が足し上げられています。なぜ足し上げるかということの詳細については、129ページ以下を参照してください。利益を計算するときには、減価償却費はマイナスされているけれども、現金の流出がないので、営業活動のキャッシュフローを計算する場合には、プラスする必要があるということです。

　「売上債権の増減額（△は増加）」「仕入債務の増減額（△は減少）」については、119ページ以下を参照してください。資産項目である売上債権が増加するということは、これについては現金収入がないということですからマイナスの影響が、逆に、負債項目である仕入債務が減少するということは、現金支出をしたということですからマイナスの影響が生じることとなります。

　この結果、営業活動のキャッシュフローは755億円のプラスとなっています。

投資活動によるキャッシュフロー

　次は、投資活動によるキャッシュフローです。

　金額が大きなところは、有形固定資産の取得による支出が922億円、無形固定資産の取得による支出が195億円、連結の範囲の変更を伴う株式の取得による支出が917億円です。このような積極的な投資活動により、投資活動によるキャッシュフローで2,028億円のマイナスとなっています。

　このように、積極的に、有形・無形固定資産に投資をして、また子会社株式を取得するために資金を使っているということです。将来に備えて、投資をするために資金を使っているという姿が見えてきます。

財務活動によるキャッシュフロー

　最後に、財務活動によるキャッシュフローです。

　これは、1,136億円のプラスとなっています。金額が大きなものとしては、短期借入金及びコマーシャルペーパーの増加として、1,177億円、長期借入れによる収入として436億円が計上されています。

　積極的な投資活動を支えるため、財務活動も積極的に行っています。

　以上のように、営業活動で755億円のプラス、財務活動で1,136億円調達しな

がら、投資活動に2,028億円を支出しています。

　この結果、期首に比べ、期末には、現金及び現金等価物が、143億円減少しています。すなわち、営業活動で稼ぎ出し、財務活動により調達した資金を、投資活動に使っているという姿を読み取ることができます。

Column │ 資金繰りの重要性──黒字倒産

　通常、企業においては、財務部、経理部といった管理部門が、資金の日繰り表を作成し、現預金残高を管理している。手持ち資金に加え、売掛先や手形の回収、金融機関からの借入等のプラスを見込みながら、仕入先に対する支払期限や、借入先への返済期限において、資金が不足することがないように管理しているのである。

　会社が倒産の危機を迎えるのは、資金繰りに窮する場合である。資金繰り表を作成して、資金管理していたとしても、不測の事態から、予定される入金額が減少する、入金が遅れることとなれば、現預金残高がマイナスとなってしまう事態になりかねない。このような状態を、資金ショートという。

　具体的な資金繰り表のサンプルは、図表6-8のとおりである。

　これらの日繰表を集計して、年間ベースの資金繰り表が作成される。

このような年間の資金繰り表のサンプルは、図表6-9のとおりである。

図表6-8　資金繰り表（日繰表）

日繰表　　　　月

（単位：　　　）

	収入								支出									資金残高	概要
	現金売上	売掛金の回収	受取手形の入金	借入金増加	手形売却	資産売却	その他入金	収入合計	現金仕入	買掛金支払	人件費	税金・社会保険料	支払賃料	リース料	水道光熱費	その他支出	支出合計		
期首残高																			
1日																			
2日																			
3日																			
4日																			
5日																			
6日																			
・																			
・																			
・																			
28日																			
29日																			
30日																			
31日																			
合計																			

図表6-9　資金繰り表（年間）

月次資金繰表

（単位：円）

			●年4月	●年5月	…	●年9月	上期計	●年10月	●年11月	…	●年3月	下期計	通期計
			実績	実績		実績	実績	予想	予想		予想	予想	予想
営業活動に伴う収支	収入	現金売上											
		売掛金の現金回収											
		受取手形の期日入金											
		その他の入金											
		収入合計											
	支出	買掛金支払											
		支払手形決済											
		人件費											
		支払賃料											
		その他支払											
		支出合計											
		差引過不足											
投資活動に伴う収支	収入	固定資産売却											
		事業投資回収											
		その他											
	支出	固定資産購入											
		その他											
		差引過不足											
財務活動に伴う収支	収入	短期借入金											
		長期借入金											
		その他											
	支出	短期借入金返済											
		その他											
		差引過不足											
		総合収支											
前月繰越													
次月繰越													

この章のまとめ
- キャッシュフロー（資金繰り）の重要性
- 営業活動、財務活動、投資活動のキャッシュフロー
- 損益計算書とキャッシュフロー計算書との違い

第 **7** 章
財務分析の指標

この章で学ぶこと
- 財務分析の指標
    - 安全性
    - 効率性
    - 収益性

第 **7** 章

　本章では、財務分析の基本について説明しましょう。財務分析の目的は、財務諸表から企業の実態を把握することです。財務分析を行うために、さまざまな指標があります。具体的な指標を説明する前に、まずどのような内容を示す指標があるのか整理してみましょう。

　なお、財務分析は、単年や 1 社だけで完結するのではなく、経年比較、他社との比較など、それぞれの指標を比較分析をすることにより、財務諸表の特徴をより際立たせることができるため、より的確に特徴をとらえることができます。

① 安全性

　最初に紹介するのは、安全性の指標です。安全性とは、財務の健全性のことです。すなわち、安全性の指標とは、その企業が倒産しやすいかどうかという観点を示す指標です。企業の財務構造や資金繰りの状況から判断して、債務不履行などを起こす可能性が高いか否かを示しています。

　この安全性の指標としては、**流動比率**や**自己資本比率**などが挙げられます。

　流動比率は、短期の支払能力の観点から、財務が健全化を示す指標です。

　これに対して、自己資本比率は、資金の調達先による返済の必要性から判断して、財務内容が健全化を示す指標です。それぞれについて説明しましょう。

> ポイント　安全性の指標
> 　　　　──財務内容や資金繰りの状況から倒産する可能性を示す
> 　例）流動比率　→　短期の支払能力
> 　　　自己資本比率　→　資金の返済の必要性

⑴　流動比率

まず、流動比率といわれる、短期の支払能力が安全であるかを見る指標です。
流動比率は、以下の計算式で表されます。

計算式

流動比率＝流動資産／流動負債

では、なぜ、流動比率は、短期の支払能力の観点から、安全性を示す指標と
して機能するのでしょうか。

Case Study

　流動比率の観点から、仮に以下のような 2 社があったとした場合、どちらが安全と考えられるでしょうか。

図表 7 − 1　A 社と B 社の比較

A 社

流動資産 100	流動負債 80
	固定負債 70
固定資産 200	純資産 150

B 社

流動資産 100	流動負債 120
	固定負債　30
固定資産 200	純資産 150

A 社と B 社の比較

　A 社と B 社はともに、資産サイドは、流動資産が100で、固定資産が200です。したがって、総資産、流動資産、固定資産の金額は、まったく同じです。また、純資産も150であり、これも金額はまったく同じです。

　では、A 社と B 社で何が違うかというと、A 社は、流動負債が80で、固定負債が70です。それに対して、B 社は、流動負債が120で、固定負債が30ということとなっています。このような、A 社と B 社の、流動負債と固定負債の違いを考えたときに、どちらが財務内容として安全といえるでしょうか。

　まず、流動資産というのは、1 年以内に現金化されるという資産でした。これに対して、流動負債というのは、1 年以内に履行期限が来る債務ということでした。

　したがって、A 社は、期末日時点で 1 年以内に払わなくてはいけない負債が

80しかないにもかかわらず、1年以内に現金化されるものは100あるというこ
とになります。すなわち、仮に流動負債を全部支払わなくてはいけなくなって
も、A社は、まだ余裕があるということとなります。

　それに対して、B社は、流動負債は120ありますから、1年以内に120の債
務について履行期限が来るにもかかわらず、少なくとも期末日時点では、1年
以内には100しか現金化されるものがないということとなります。

　このため、もし万が一のことがあったら、B社は、債務の履行ができない、
すなわち債務不履行に陥る可能性があるということです。

　流動比率は、流動資産と流動負債の関係ですから、流動資産のほうが大き
い、すなわち流動比率が100％を超えているほうが、財務内容としては安全で
あるということとなります。

　流動比率は、もちろん業種にもよりますが、少なくとも100％は超えていた
い、可能であれば、120〜130％というのが、財務内容として安全だというこ
ととなります。100％を切ってしまうと、安全性に問題があるということです。

　このように、流動比率は、短期の支払能力という観点から、財務内容の安全
性を示していることとなります。

流動比率で十分か？

　では、短期の支払能力ということを考えた場合、流動比率という指標だけで
十分でしょうか。

　流動比率は、流動資産と流動負債の関係で計算しますが、流動資産は、「換
金の容易性」という観点から、大きく分けて2通りあると説明しました（74
ページ以下参照）。

　前述のとおり、現預金、有価証券というのは、換金が容易です。これに対し
て、受取手形、売掛金、棚卸資産は、換金にリスクがあるということでした。

　まず受取手形と売掛金は信用リスクがあります。すなわち、回収できるかど
うかは、取引先の財務状況の影響を受けることとなります。換金できないかも
しれません。

　また、棚卸資産も在庫リスクがありました。市況が悪化するとか、陳腐化し

てしまうなど、売却できないかもしれない、現金化できない場合もあるかもしれないということです。

　したがって、これらの資産の換金リスクを考えた場合には、これらの資産を除いて、現預金と有価証券、これらを当座資産といいますが、これだけで流動負債をまかなえるのであれば、かなり短期の支払能力としては安全だということととなります。このような当座資産と流動負債の比率を、当座比率といいます。

　当座比率は、以下の計算式で表されます。

計算式

当座比率＝当座資産／流動負債

　当座資産、すなわちほとんど換金にリスクのない資産と流動負債とを比較して、100％を超えていれば、短期の支払能力としては、非常に安全だということととなります。現在保有している現預金などの当座資産で、1年以内の負債の支払いができるということですから、短期の支払能力は、ほとんど問題がないということになります。

　このように流動比率、当座比率は、短期の支払能力が安全かという観点から、流動資産や当座資産と、流動負債の比率を見るという指標です。

⑵ 自己資本比率

もう１つの安全性の指標として、自己資本比率があります。

この自己資本比率というのは、調達源泉の違いによる、返済の必要性の有無から、安全性を見るという指標です。

すなわち、資金調達の方法として、返済の必要性がない資金である純資産が、負債と比較して相対的に多くなればなるほど、安全性が高いと判断されます。

自己資本比率は、以下の計算式で表されます。

```
┌─ 計算式 ──────────────────────────────────┐
│       自己資本比率（％）＝純資産÷資産×100        │
└──────────────────────────────────────────┘
```

資産は、負債と資本の合計ですから、以下のような計算式で算定される、D/Eレシオ（debt-to-equityレシオ）、財務レバレッジも、結局は純資産と負債の相対的な割合であり、財務内容の安全性を示しているということができます。

```
┌─ 計算式 ──────────────────────────────────┐
│       D/Eレシオ（％）＝負債÷純資産×100           │
│       財務レバレッジ（倍）＝資産÷純資産×100        │
└──────────────────────────────────────────┘
```

すなわち、財務内容の安全性という観点から考えた場合、純資産の割合が相対的に高く、自己資本比率は大きいほうが安全ということとなります。

D/Eレシオは、負債と純資産の関係です。どちらが安全かというと、純資産のほうが大きければ、D/Eレシオは小さくなりますから、小さいほうが安全ということになります。

財務レバレッジとは、資産と純資産の関係です。資産というのは、負債と純資産の合計ですから、負債が大きくなれば資産も大きくなってしまいますから、財務レバレッジも、小さいほうが安全ということとなります。

　レバレッジとは、「てこ」という意味です。自己資金（ここでは株主が拠出する資金）を少なくして、外部（ここでは金融機関）から資金を調達し、それにより、自己資金を元手とするよりも、より大きな資産の運用を行い、より大きなビジネスをするということです。このような方法を、「レバレッジをかける」といいます。すなわち、自己資金を少なくして、他人からお金を借りてきて、そして、大きな資産を運用することを指す表現です。

図表7-2　自己資本比率──安全性が高い場合

自己資本比率	＝純資産／資産	⇒	大きい
D/Eレシオ	＝負債／純資産	⇒	小さい
財務レバレッジ	＝資産／純資産	⇒	小さい

　以上のように、安全性が高いという場合には、純資産が相対的に大きい場合でした。
　純資産が相対的に大きい場合には、それぞれの比率がどのようになるかを考えることにより、それぞれの指標がどちらの方向になれば安全ということができるかを理解することができます。

Case Study

　では、以下のような2社があったとした場合、どちらが財務内容として安全
と考えられるでしょうか。

図表7-3　A社とB社の貸借対照表

A社

| 資産
1,000 | 負債　100 |
| | 純資産
900 |

B社

| 資産
500 | 負債　400 |
| | 純資産　100 |

　図表７－３において、A社の資産は、1,000です。資産は、資金の運用状態
を示していました。それでは、A社は、どのように資金調達して資産として運
用しているかというと、負債として金融機関などの債権者から借りているもの
は、100です。それに対して、株主から集めたもので返済しなくてよい純資産
が、900あります。そうすると、1,000の資産は、900は返済しなくてよい資金
により、100は返済しないといけない資金により、まかなわれています。これ
がA社の財務状況です。

　これに対して、B社は資産は500ですが、純資産は100しかありません。負
債が400です。つまり、400は、返済しなくてはならない調達資金によりまか
なわれています。

　それでは、A社とB社は、どちらが安全といえるでしょうか。

　当然、資本が多いほうが、返済しなくてもよいものとして資金調達している
ということですから、そのほうが安全であるということになります。

　A社とB社で、自己資本比率等の指標を算定すると次頁の**図表７－４**のよう
になります。

図表7−4　A社とB社の自己資本比率など

A社

| 資産 1,000 | 負債　100 |
| | 純資産 900 |

D/Eレシオ
1/9倍

自己資本比率
90%

B社

| 資産 500 | 負債　400 |
| | 純資産　100 |

D/Eレシオ
4倍

自己資本比率
20%

　安全だと考えられるA社は、レバレッジは小さい、ということとなります。これに対して、安全ではないと考えられるB社は、レバレッジをかけている状態になっています。D/Eレシオも大きいし、財務レバレッジも大きいということとなります。

　すなわち、自己資本比率が高いということは、レバレッジをあまりかけていないということです。これに対して、自己資本比率が低いということは、レバレッジをかけている状態ということになります。

　すなわち、財務レバレッジをかけている状態は調達資金に着目した財務内容の健全性という観点からは、安全ではないということになります。このように、財務レバレッジと自己資本比率の安全性とが相反する関係にあるということとは、1つのポイントです。

For your reference その他の安全性の指標

その他の安全性の指標には、以下のようなものがある。

■ 固定比率

　長期的な観点から、企業の安全性を評価するための指標として、固定比率がある。固定比率は、長期的な源泉から調達された資金により、固定的な資産として運用しているのあれば、安全であると考えるのである。

　固定比率は、以下のように計算することができる。

```
計算式
固定比率（％）＝固定資産÷自己資本×100
```

　すなわち、固定比率は、固定資産を、長期で調達した資金でどれだけまかなっているかを示す指標であり、次の計算式のとおり、分母は、純資産（自己資本）を用いることが多い。固定資産などの形で長期に拘束される資金は、できれば返済の必要のない自己資本の範囲内にある方が健全であると考えられるからである。

　固定比率は、100％以内が、一応の目安とされている。しかし、固定資産をすべて自己資本でまかなうことは、難しいことが多い。このため、たとえ自己資本ですべてまかなうことが無理でも、少なくとも長期的な調達資金でまかなっているかどうかが重要となる。このような指標が、次に示す固定長期適合率である。

■ 固定長期適合率

　固定長期適合率は、固定負債と自己資本に対する固定資産の割合を示している。前述のとおり、固定資産は長期にわたって使用されるものであるから、返済義務のない自己資本の範囲内、もしくは、たとえ負債であっても、長期性の借入金を原資として、投資されていることが望ましい。そうでなければ、固定資産として投下されている資金の一部が、流動負債という、短期に返済すべき資金からまかなわれていることとなり、いずれ資金繰りが圧迫ないし不安定になるからである。

　固定長期適合率は、以下のように計算することができる。

> **計算式**
>
> 固定長期適合率（％）＝固定資産÷（固定負債＋自己資本）×100

■　インタレスト・カバレッジ・レシオ

　インタレスト・カバレッジ・レシオ（Interest Coverage Ratio）とは、会社が通常の活動から生み出すことのできる利益、つまり営業利益と金融収益（受取利息と受取配当金）が、支払利息をどの程度上回っているかを示す指標である。

　この比率が高いほど、財務的に余裕があり、安全性が高いことを意味している。

　インタレスト・カバレッジ・レシオは、損益計算書により計算することができる。一般的に、この倍率が高いほど金利負担の支払能力が高く、財務的に余裕があるとされる。

　インタレスト・カバレッジ・レシオは、以下の計算式で計算することができる。

> **計算式**
>
> インタレスト・カバレッジ・レシオ
>
> 　＝（営業利益＋受取利息＋受取配当金）÷（支払利息＋割引料）

2　効率性

⑴　効率性の指標とは

次に、効率性の指標です。

効率性の指標とは、同じ収益を計上するために、投入あるいは拘束されている資金をどれだけ減らすことができているかを分析するための指標です。すなわち、資金や資産を効率的に活用しているかということを示しています。

これらの指標を活用することにより、滞留資産、遊休資産がないかを確認することができます。

このような指標には、先に紹介した売上債権回転率、売上債権回転期間などがあります。

> ポイント　効率性の指標
> 　資金を効率的に活用しているか
> 　　→　滞留資産、遊休資産がないか
> 　例）売上債権回収期間と売上債権回転率

⑵　資産回転率

効率性の指標とは、いかに少ない資産で、収益（利益）を上げているかという指標です。すなわち、貸借対照表と損益計算書における項目の比率で表されることとなります。

> 計算式
> 　　売上債権回転率＝売上高／（売掛金＋受取手形）
> 　　売上債権回転日数＝（売掛金＋受取手形）／売上高×365

③　収益性

　収益性とは、企業がどれだけ利益を上げられているかを見るものです。すなわち、投下された経営資源に対して、どれだけ多くの利益を計上できたか、いかにうまく利益を獲得できているかという指標です。

　この指標では、利益の具体的な額ではなく、投下された経済資源と利益の金額との比率を確認することとなります。

　収益性の指標は、売上に対する収益性である「**取引収益性**」と、投下された資本に対する収益性である「**資本収益性**」の2つに大別することができます。

　まず、取引収益性の具体的な指標の1つに、**売上高利益率**があります。

　これに対して、資本収益性の具体的な指標として、**自己資本利益率**があります。自己資本利益率は、**ROE**（Return on Equity）ともいいます。

> ポイント　収益性の指標
> ・　取引収益性　→　売上と利益の関係
> 　　　例）売上高利益率
> ・　資本収益性　→　資本と利益の関係
> 　　　例）自己資本利益率（ROE）

(1)　売上高利益率：取引収益性

　まず、収益性の指標として、売上高利益率から説明しましょう。

　売上高利益率とは、損益計算書における売上と利益の関係性であり、取引においてどの程度の利益を上げているかという指標です。

　前述のとおり、利益は、企業の経済活動により、分類することができます。したがって、どの段階の利益を取って計算するかにより企業におけるどの活動が優れているのか、また問題があるのかを分析することができます。

計算式

売上高利益率（％）＝利益÷売上高×100

売上総利益率　　＝売上総利益÷売上高×100

売上営業利益率　＝営業利益÷売上高×100

売上経常利益率　＝経常利益÷売上高×100

売上当期純利益率　＝当期純利益÷売上高×100

⑵ 自己資本利益率（ROE）：資本収益性

自己資本利益率とは、投下した自己資本に対して、どれだけ多くの利益を生み出しているかを計る指標であり、資本効率を計測するものです。

自己資本は、エクイティ（Equity）といわれることから、自己資本比率は、ROE（Return on Equity）とも呼ばれます。貸借対照表における純資産（資本）と、損益計算書における利益との比率で示されます。

自己資本比率は、以下のように計算することができます。

計算式

自己資本比率（ROE）＝当期純利益÷純資産

この自己資本比率は、以下のように分解することができます。

図表7-5　自己資本比率の分解

自己資本比率(ROE)＝当期純利益／売上高
　　　　　　　　×売上高／総資産
　　　　　　　　　×総資産／純資産

　　　　　＝売上高利益率×総資産回転率×財務レバレッジ
　　　　　　（収益性）　　　（効率性）　　　（安全性）

　このように、自己資本比率は、収益性の指標、効率性の指標、安全性の指標を乗じるものとして分解することができるのです。

　このようにROEを分解することにより、ROEの数値を上昇させる、すなわち向上させるためには、3つの方向性があることがわかります。

　1つ目は、①売上高に対する利益率を上げることにより、収益性を高めるという方向です。これには、収益を増加させる、費用を減少させるという2つの方向性があります。

　2つ目は、②総資産を減らして、効率性を高める方法です。たとえば、得意先の売掛金について債権譲渡をする、あるいは長年使っていない遊休資産を売却することなどにより、総資産を減らすことにより達成できます。

　3つ目は、③負債の相対的な割合を増加させることにより、財務レバレッジを高めることです。

　これを次のCase Studyで検討してみましょう。

Case Study

以下のような2社があった場合、ROEはどのように算定され、どのように分析することができるでしょうか。

図表7-6　A社とB社のB/SとP/L

A社

B/S

流動資産	5,000
固定資産	10,000
資産合計	15,000
流動負債	2,000
固定負債	3,000
資本	10,000
負債資本合計	15,000

P/L

売上高	12,000
費用	（11,500）
利益	500

B社

B/S

流動資産	5,000
固定資産	10,000
資産合計	15,000
流動負債	9,000
固定負債	1,000
資本	4,000
負債資本合計	15,000

P/L

売上高	5,000
費用	（4,500）
利益	500

　A社とB社のB/Sを比較してみると、流動資産と固定資産が5,000と10,000で合計が15,000という点は同じです。すなわち、資産サイドは、まったく同じ構成です。また、P/Lに計上されている利益も500であり、まったく同じです。

　A社とB社は、資産の構成及び利益は、同額が計上されていることとなります。
　それでは、A社とB社では何が異なるでしょうか。
　A社とB社では、まず、貸借対照表の負債の構成が異なります。A社は、流動負債が2,000、固定負債が3,000、そして10,000が資本です。これに対して、B社は、流動負債が9,000、固定負債が2,000で、資本が4,000です。
　また、A社とB社は、損益計算書において、利益は同額ですが、売上高と費用が異なっています。
　以上のように、A社とB社では、貸借対照表の右側、すなわち資金の調達方法が違います。また、損益計算書の利益は同じですが、収益と費用の金額すなわち構成が異なります。
　以上の前提で、A社とB社のROEを計算してみましょう。
　A社とB社のROEは、それぞれ**図表7-7**のとおり計算されます。

図表7-7　A社とB社のROE

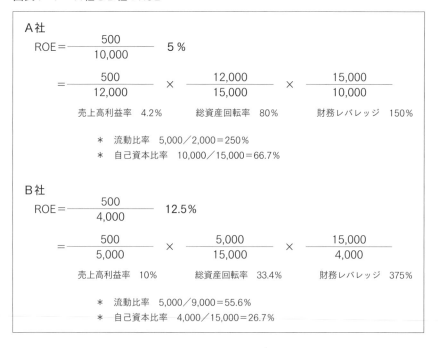

A社

$$\text{ROE} = \frac{500}{10,000} \quad 5\%$$

$$= \frac{500}{12,000} \times \frac{12,000}{15,000} \times \frac{15,000}{10,000}$$

　　売上高利益率　4.2%　　　総資産回転率　80%　　　財務レバレッジ　150%

　　＊　流動比率　5,000／2,000＝250%
　　＊　自己資本比率　10,000／15,000＝66.7%

B社

$$\text{ROE} = \frac{500}{4,000} \quad 12.5\%$$

$$= \frac{500}{5,000} \times \frac{5,000}{15,000} \times \frac{15,000}{4,000}$$

　　売上高利益率　10%　　　総資産回転率　33.4%　　　財務レバレッジ　375%

　　＊　流動比率　5,000／9,000＝55.6%
　　＊　自己資本比率　4,000／15,000＝26.7%

　A社は、500の利益に対して資本が10,000でしたので、ROEは5％です。これに対して、B社は、ROEは12.5％ということとなります。

　すなわち、B社の方がROEは高い、資本に対する収益性ということでは、A社よりもB社が優れているということになります。

　では、このROEを、先ほどの3つの指標に分解してみると、どのようなことがわかるでしょうか。

収益性の比較

　まず、収益性の指標である、売上高利益率です。

　A社は4.2％です。それに対して、B社は10％です。従って、売上高利益率は、B社のほうが優れているということとなります。

効率性の比較

　次に、効率性の指標である、総資産回転率はどうでしょうか。

　A社は、総資産回転率は、80％です。それに対して、B社は33.4％です。B社は、15,000の資産があるにもかかわらず、5,000の売上しか計上できなかったということですから、資産をあまり効率的に使えていないということになります。これに対して、A社は、15,000の資産に対し、12,000の売上を上げているわけですから、A社のほうが、効率的に資産を使っているということです。

財務レバレッジの比較

　それでは最後に、財務レバレッジはどうでしょうか。

　A社は、レバレッジは150％しかありません。それに対して、B社は、375％です。かなりレバレッジをかけている状態になっています。

まとめ

　以上から、このA社とB社を比較すると、

①	売上高利益率	B社のほうが優れててる
②	総資産回転率	A社のほうが優れいている
③	財務レバレッジ	B社がかなりレバレッジをかけている

ということになります。ここから学べることは、以下のとおりです。

　ROEを上げるためには、本来であれば、売上高利益率や総資産回転率といっ
た、企業活動を改善するという努力で上昇させることが重要です。

　ただし、上記のとおり、財務レバレッジという、資金調達の構成を変えるこ
とによって、ROEを上げたり下げたりできるのです。しかし、前述のとおり財
務レバレッジが高いということは、財務内容の安全性は低くなるという相反関
係がありました。レバレッジが高いということは、相対的に負債が多いという
ことですので、その分、財務の健全性、安全性は脅かされているかもしれない
ということになるからです。

　このようにROEを分解して、もしこの財務レバレッジを高めたことによって
上昇しているのであれば、財務の安全性が毀損されているのかもしれません。
ROEを上昇させるために、財務的な安全性を脅かすということは、経営をする
にあたり、本末転倒な結果を招く可能性もあります。すなわち、単にROEを上
昇させるということではなくて、なぜROEが上昇したのかという理由を分析す
る必要があるのです。

　すなわち、高いROEを達成するためには、経営力を高め、本業で稼げる力を
上昇させることが本質的に求められているはずです。すなわち、収益性や効率
性といった指標を高める、売上高利益率や総資産回転率を改善させることによ
り、ROEを高めていくことが重要です。しかし、ROEという数字だけを追いか
けると、財務レバレッジという、安全性を脅かすような指標の上昇により引き
起こされていることもありますので、このような状態となっていないか注意す
る必要があります。

その他の収益性の指標

その他の収益性の指標としては、以下のようなものがある。

■ 総資産利益率（ROA）

　総資産利益率とは、ROA（Rate of return on Asset）と呼ばれ、投下された総資産（総資本）に対して、どの程度の利益を挙げられているかを算定する指標である。

計算式

総資産利益率（ROA）
＝（経常）利益÷総資産×100

　総資産利益率も、以下のように売上高利益率と総資産回転率、すなわち収益性の指標、効率性の指標に分解することができる。

総資産利益率（ROA）
＝当期純利益÷総資産
＝当期純利益／売上高×売上高／総資産
＝売上高当期純利益率×総資産回転率
　　　収益性　　　　　効率性

　このように分解すると、ROEと同様に、ROAの数値を高めていくためには、①売上高に対する利益率を上げることにより、収益性を高める、②総資産を減らして、効率性を高めるという2つの方法があることがわかる。

　なお、期首と期末で総資産に大きな変化がない場合には、期末の総資産額で計算することも便宜であるが、期中に大きな変化が生じた場合には、期首と期末の平均値をとって計算する方が、より厳密な計算を行うことができる。

｜Column｜　財務諸表を利用する場合の留意点

　財務諸表を利用する場合には、一般的に以下のような点に留意しなければならない。

■　非財務情報は表示されない

　財務諸表には、非財務情報は表示されていない。典型的な例は、人材や企業に蓄積されたノウハウ、知見、企業イメージ、会社の仕組み、ガバナンス体制、内部統制システム、ESGに関する情報など、金銭的に評価されないものについては、財務諸表には現れてこない。

　このような財務諸表に現れてこない情報について、その企業の実態を確認するためには、財務諸表のみならず、別の情報源から入手する必要がある。たとえば、統合報告書などという形で、有価証券報告書の開示情報を保管する報告書が作成されることが増加している。

■　ほとんどが過去情報である

　財務諸表においても、見積もりという形で、ある程度は将来情報が盛り込まれている。たとえば、減損損失というのは、将来にその資産がどれぐらいの利益を上げられるかという観点から、資産の評価を行い、現時点の評価額と比してマイナスであったら、減損損失を認識する。このように、財務諸表にはある程度将来情報も盛り込まれている。

　しかし、財務諸表に示されている情報は、あくまで決算期末時点や決算期までの1年間のフローを示すものであり、ほとんどが過去情報である。将来情報も「見積もり」という形で、ある程度は組み込まれているものの、それもあくまで現時点での見込みにすぎない。そういう意味でも、やはり万能ではないということとなるだろう。

■　複数の会計基準

　財務諸表を作成するためには、複数の会計基準がある。もしも異なる会計基準間で作成された企業間の比較をするということであれば、その基準間の会計処理の相違を調整しなければならないこととなる。

■　粉飾されている可能性

　最後に、財務諸表は、粉飾されている可能性もある。

　上場会社であれば会計監査を受けていることになるが、実は実態とは乖離している、虚偽の数値であることもありえないことではない。たとえ会計の専門家である公認会計士が会計監査を行っていたとしても、たとえば組織ぐるみや外部と通謀されている場合など、見抜くのが難しい粉飾が存在することも否めない。

　このように、会計監査を受けている財務諸表であったとしても、その数値が虚偽である可能性がある。

　ましてや会計監査を受けていない取引先の財務諸表については、その数字自体が、果たして実態をどこまで適切に表現されているのかについては慎重に吟味しなければならない。

　以上のような留意点があるとはいえ、財務諸表が、会社の実態を示すための有効なツールであることに変わりはない。

　財務諸表は、必ずしも万能ではないが、会社の実態についてさまざまな情報を与えてくれるものである。必ずしも完全なものではないことをある程度頭に入れながら、そこから何を読み解くかを考えていかなければならない。

Advance 三様監査とは？

　会社には、さまざまな監査の仕組みがある。

　監査には、法令上必要とされる「法定」監査のほか、特に法律上の根拠を有するものではなく、任意のものもある。このような、法定監査と、任意の監査である内部監査の関係は、以下のように整理できる。

■　三様監査

　三様監査とは、会計監査、監査役監査、内部監査といった、三者による監査の総称である。

　このうち、会計監査、監査役監査は、法律上の根拠があるという意味で、法定監査であり、内部監査は、特に法律上の根拠はないため、任意監査と位置づけられる。

　各監査の目的等は異なるが、それぞれが他の監査機関と連携し、相互に範囲、結果、現状などについての情報共有を行うことで、会社をより深く理解することができる。

　たとえば、監査を行った別の主体から、各部門などの改善点（未対処のリスクが放置されている業務、コンプライアンスが徹底されていない部門、内部統制が意図したとおりに機能していないなど）や各業務についての状況について情報共有することにより、それぞれの監査を、より効果的に行うことが可能となる。

会計監査

　会計監査とは、企業、公益団体及び行政機関等の決算に関して、一定の独立性を有する組織が、対象企業、団体等の報告内容を検証・確認し、その内容に虚偽の表示等がないことに関して意見表明することをいう。

　企業から独立した第三者である、公認会計士又は監査法人による企業等の財務諸表に対する意見表明が一般的である。いわゆる、「外部監査」として位置づけられる。

監査役監査

　監査役監査とは、監査役が、会社法の規定に基づき、取締役の職務の執行が法令及び定款等に適合し、善管注意義務に違反していないかどうか、かつ計算書類が公正妥当な会社計算規則等に準拠して適法に作成されているかどうかを検討し、その意見を監査報告に記載する監査のことをいう。このため、監査役監査

は、会計監査と業務監査を含んでいる。

　なお、会計監査人設置会社においては、会計監査人が会計監査を行い、監査役は、その方法及び結果が相当であるかどうかの意見を監査報告に記載することとなっている。

内部監査

　内部監査とは、組織体の経営目標が効果的に達成されるために役立つことを目的とした監査である。特に法律上の根拠を持たないため、任意監査である。

　内部監査は、合法性（遵法性）と合理性（妥当性）の観点から、公正かつ独立の立場で、ガバナンス・プロセス、リスク・マネジメント及びコントロールに関連する経営諸活動の遂行状況を、内部監査人としての規律遵守の態度をもって評価し、これに基づいて客観的意見を述べる。すなわち、経営体に対して助言・勧告を行うアシュアランス業務、及び特定の経営諸活動の支援を行うアドバイザリー業務が含まれる。

　このような内部監査は、会社の内部統制システムの重要な一部を構成するものである。

この章のまとめ

●財務分析の指標

・収益性
いかにうまく稼いでいるかという指標

・効率性
資金を効率的に活用しているかを示す指標
→　滞留資産、遊休資産がないか

・安全性
財務内容や資金繰りの状況から倒産する可能性を示す指標

おわりに——これから会計を学ぶために

　最後に、よくご質問頂くことについて、述べておきたいと思います。それは、法務担当者が、会計を学ぶにあたり、どのような方法があるのでしょうか、というご質問です。

　まず本書を一とおり読み終えたら、実際に、財務諸表を入手して、それを読んでみることをお勧めしたいと思います。

　財務諸表には、貸借対照表、損益計算書、キャッシュフロー計算書などの数値のほかにも、付随する注記やその他定性的な情報も入っています。上場企業は、有価証券報告書を開示していますから、たとえばすでに倒産した上場企業の財務諸表を数年分入手して、それを分析してみるのもよいと思います。

　各社の財務分析を行っている書籍も多数出版されていますから、このような書籍を参考にするのもよいでしょう。

　その際に、ただ単に数字を眺めるのではなく、法的リスクということを念頭において、その企業が倒産するまでの道のりが、どのように財務諸表に表れているかを考えてみることが有用でしょう。

　具体的には、数年分の財務諸表を見ながら、電卓を片手に、各項目の数値がどのように変化しているか、たとえば、売掛金の絶対値の変化、売掛金と売上の比率の変化などを計算してみることです。また、その倒産した企業と同業の他社と比較してみることも有意義でしょう。

　また、自社や関与先の財務諸表が入手できるのなら、それを分析してみるのも有効な方法だと思います。たとえば、自分が関わったことのある案件がどのような処理をされているかを確認できれば、なお具体的なイメージを持ちやすいのではないでしょうか。

　より勉強したい方には、会計の基本的な手続である簿記について、基礎的な書籍を用いて習得することもお勧めしたいと思います。簿記論を奥深くマスターすることが目的ではありませんから、薄い本でかまいません。

　簿記は、会計の理論を、手続としてどのように行うかの方法論です。会計を理解するために、必ずしも簿記をマスターする必要がないことは前述のとおり

ですが、とはいえ、急がば回れです。まず、その方法論をマスターした上で、その理論を学んだことにより、理解は深まることと思います。

　そのために、まず簿記3級程度の薄い本でいいですから、それをさっと読むことにより、貸借対照表、損益計算書や会計の手続の基本的な仕組みについて理解することもお勧めしたいと思います。この際に、いわゆる資格の予備校の短期のコースを利用することも1つの方法でしょう。

　先にも述べたように、会計は足し算と引き算の世界ですから、恐れる必要はありません。実戦で腕を磨きながら、基本的なことをしっかりマスターすることが大切です。より発展的な仕事をするために、ぜひ会計を使う能力を身につけていただければと思います。

【主要参考文献】
桜井久勝『財務会計講義〔第21版〕』（中央経済社、2020年）
桜井久勝『財務諸表分析〔第8版〕』（中央経済社、2020年）

事項索引

著者紹介

樋口　達（ひぐち・わたる）
〔略　　歴〕
東京大学経済学部経済学科卒業　弁護士、公認会計士、公認不正検査士
大手門法律会計事務所代表パートナー（https://www.ootemon-law-ac.com/）
丸紅建材リース株式会社社外取締役（監査等委員）、オルガノ株式会社社外監査役、アドバンス・レジデンス投資法人執行役員

〔主な著書・共著・論文〕
・『事例でわかる　不正・不祥事防止のための内部監査』（中央経済社）
・「（連載）法務部に伝えたい"実効的"内部監査のコツ」（ビジネス法務2019年5月号〜11月号）
・『実例に学ぶ　企業の実情を踏まえたガバナンスの開示』（商事法務）
・「子会社の非常勤監査役の心構えと対応ポイント」（旬刊経理情報）
・『株主還元の実態調査』（別冊商事法務410号）
・「議論活性化のための資料・情報提供と取締役会評価」（Business Law Journal）
・『法務Q&A　会計不正　対応と予防のポイント』（中央経済社）　　ほか

若手弁護士・法務担当者のための会計入門

2021年2月15日　初版第1刷発行

著　　者　　樋　口　　　達

発 行 者　　石　川　雅　規

発 行 所　　鬣 商 事 法 務

〒103-0025　東京都中央区日本橋茅場町3-9-10
TEL 03-5614-5643・FAX 03-3664-8844〔営業〕
TEL 03-5614-5649〔編集〕
https://www.shojihomu.co.jp/

落丁・乱丁本はお取り替えいたします。　印刷／そうめいコミュニケーションプリンティング
Ⓒ2021 Wataru Higuchi　　　　　　　　　　　Printed in Japan
Shojihomu Co., Ltd.
ISBN978-4-7857-2838-0
＊定価はカバーに表示してあります。